ポイント
図解

対応のイロハからお詫びメールの書き方まで
押さえておきたいポイント33

クレーム対応の基本がしっかり身につく本

改訂版

舟橋 孝之［著］
株式会社インソース［編］

KADOKAWA

本書は2011年に刊行された『[ポイント図解]クレーム対応の基本がしっかり身につく本』を、現在の状況に合わせて内容や事例・体裁などを含め全面的に改訂したものです。

はじめに

クレームは決してなくなりません。これはあらゆる業界に共通しています。日常的に発生するクレームの多くは、お客さまの心情を理解した上で、一定の手順にもとづいて冷静に対応すれば、おそれたり、あわてたりする必要はありません。

そんなことをお伝えしたいと考え、2007年に本書の初版を、2011年に二版を出版させていただき、7年の歳月がたちました。クレーム対応の基本は大きく変わってはいませんが、新たに増えてきた種類のクレームもあり、本書に求められる内容も7年前とは変わってきています。今回の改訂では、「外国人のお客さまからのクレーム対応」や、みなさまからご要望が多い「シニア層からのクレーム対応」「警察へ相談するときのフロー」などを新たに追加しました。

改訂にあたり、弊社の舟橋清之講師をはじめ、インソースの多数の講師・社員よりアドバイスを得て、より実践的な内容にすることができました。以前からの読者の方にも、初めて本書を手にされる方にも、新しい気づきを得ていただけることと思います。

2018年3月

舟橋　孝之

クレーム対応の基本手順

手順①
当事者意識を強くもつ

手順②
お客さまの心情を理解し、行動で示す

手順③
お客さまの解決すべき問題・ご要望は何かを確認する

手順④
問題の解決策を提示する

一定時間対応しても解決しないとき

組織対応

上司や先輩に引き継ぐ
- 「引き継ぎメモ」を渡す

組織・会社全体で情報を共有する
- 対応策を書いた「カルテ」を作成
- 月１回程度のクレーム対策会議を開く
- 情報を蓄積する

クレーム対応力を組織全体で上げ、クレームの再発を防止

「上手なクレーム対応」の全体像

クレーム対応の基本手順は、右ページの手順①～④の４つ。ほとんどのケースでは、応対者が「自分は会社の代表だ」という意識をもち、手順に従って対応することで、お客さまの「お怒り」がおさまってくる。ただし、一定時間、応対者が対応しても解決しないときは、上司などに引き継ぐ。それらの情報を共有して、組織全体のクレーム対応力の向上につなげる。

お客さま

高

「お怒り」度

低

応対者がすべき対応

自分は組織・会社の代表であると考える

1．お客さまにとっては大事なことという意識で

- **お客さまの気持ちになって**

  声かけ例「ご不便をおかけいたしまして、誠に申し訳ございません」

2．お客さまの話を最低３分以上聞く

- **言い訳、間違いの指摘、反論はしない**

  声かけ例「ご指摘いただいた通りです」「ご不快でいらっしゃったことと存じます」

3．お客さまの話に共感を示す

- **相づち、うなずき、復唱**

  声かけ例「よくわかります」「ごもっともでございます」「○○が ×× でございますね」

4．少しずつ事実・情報をお伝えしていく

- **ジャブを打つように**

メモを取りながら確認する

声かけ例「おそれ入りますが」「差し支えなければ」

お客さまの気持ちが晴れてから

［注意］あわてて解決策を提示しない

はじめに……3
「上手なクレーム対応」の全体像……4

第1章

クレーム対応の基本を押さえよう

01 クレーム対応がうまくいかない3つの理由……14
心情理解ができない、言い訳、事実確認ミスは厳禁
02 クレーム解決の基本は「心情理解」……18
お客さまが困っている事実と心情に「共感」を示す
03 「言い訳」「間違いの指摘」「反論」から始めない……22
クレームを受けやすい原因は自分の対応にあることも
04 解決すべき問題・ご要望を確認する……26
お客さまの話の復唱と要約で、聞き取りミスを防ぐ
05 4つの基本手順に従って対応を進める……30
当事者意識をもつ→心情理解→事実確認→解決策提示
06 クレーム対応で使いたい3つの方法……34
①頭を下げる、②言葉の緩衝材、③共感を示して対応する

07 基本のクレーム対応① 完全にこちらの手違いでクレームが生じたら……38
言葉や態度に注意して謝罪し、原因を丁寧に説明

08 基本のクレーム対応② お客さまの間違い・勘違いでクレームを受けたら……42
間違いの指摘をするのではなく、心情理解から始める

09 基本のクレーム対応③ 自分の判断間違いでクレームが生じたら……46
お客さまへの配慮不足と自分の勝手な判断を謝罪する

コラム 1 クレームの再発防止体制をつくろう……50

第2章 シニア層や外国人のお客さまにはこう対応する

10 シニア層から、応対へのクレームがあったら……52
「敬意を示し、意見を尊重している」という姿勢が大切

11 丁寧に説明したつもりがクレームになってしまったら……56
お客さまの「ほしい情報」をきちんと把握し、説明する

12 外国人のお客さまからクレームを受けたら……60
重要なのはコミュニケーション。「相手の状況」に思いを馳せ、話を聴こう！

コラム 2 外国人に聞いた！ 日本で感じた文化の違い……64

第3章

お怒りが激しいときのクレーム対応

CONTENTS

第4章
金銭目的・悪質なクレームなどへの対応

20 ネット上で影響力をもつとおっしゃるお客さまからクレームを受けたら……96
動じず、「お客さまの不便を解消する」に注力する

21 軟禁状態で署名をしてしまったら……100
何があったか記録を残し、上司・警察に相談

22 警察へ相談するときのポイント……104
問題を整理し警察に届け出る。できれば証拠も提出する

コラム4 クレーム対策会議を開いてクレームを減らそう……108

第5章
クレーム対応に組織で取り組む

23 クレーム対応が遅れ「二次クレーム」が生じたら……110
誠心誠意、謝罪することを最優先にし、そのあと経緯を説明

24 一定時間対応したら連携プレーで解決しよう……114
クレーム内容は「引き継ぎメモ」で伝達し、周りもバックアップ

第6章 クレーム応対者のメンタルヘルスはこう守れ

第7章 eメール・書面でクレーム対応をするときには

CONTENTS

文書で対応する前に、まず電話や訪問が基本！
30 eメールでクレーム対応をするときのポイントは……142
返信は24時間以内。対応は早く、冷静に、慎重に
31 eメール対応でクレームを激化させないためには……146
誠意あふれる文面になっているかをチェックしよう
32 クレーム対応eメールの書き方を知っておこう……150
お礼・お詫び→事実確認→解決策→お詫び・お礼の順で書く
33 当方に責任があるとき、ない・わからないときの書き方……154
どんな場合も、まずは「お礼」と「お詫び」を

本文イラスト／藤本 知佳子

第1章

クレーム対応の基本を押さえよう

01 クレーム対応がうまくいかない3つの理由

02 クレーム解決の基本は「心情理解」

03 「言い訳」「間違いの指摘」「反論」から始めない

04 解決すべき問題・ご要望を確認する

05 4つの基本手順に従って対応を進める

06 クレーム対応で使いたい3つの方法

07 基本のクレーム対応①
完全にこちらの手違いでクレームが生じたら

08 基本のクレーム対応②
お客さまの間違い・勘違いでクレームを受けたら

09 基本のクレーム対応③
自分の判断間違いでクレームが生じたら

01 クレーム対応がうまくいかない3つの理由

心情理解ができない、言い訳をする、事実確認ミス

クレーム対応が上手にできない人には、３つの共通した問題点があります。それは、

①お客さまが困っていることに対して、**「心情理解（お詫びなど）ができない」**
②お客さまの話を最後まで聞かず、**「言い訳をしてしまう」**
③どんなクレームが発生しているのか、**「事実の確認ができない」**

の３つです。

お客さまのクレームは突然発生するので、上手に対応できないのは当然です。急な事態に頭がパニックになり、思っていた通りの対応ができないこともあるでしょう。

クレームが起きるのはなぜ？

クレームを大きくする3大原因

①「こうなので、仕方がない」と、最初から言い訳を始めてしまう
②思わずムッとした表情をしてしまう
③気の弱い人は、へらへらしてしまう
⇒神妙な顔つき、声で対応する

お客さまの心情を踏まえた対応が鉄則

中には、

「クレームがあっても、謝ってはいけないんですよね？　もし裁判にでもなったら、不利になるんですよね」

と言う人がいます。しかし、「お詫びをすると裁判に負ける」という心配は杞憂《きゆう》です。裁判になった場合には、クレームを申し立てた側に具体的な損害の事実がなければ負けることはありません。ですから、クレーム対応では、「お詫び」のあと、事実を冷静に確認していけばよいのです。

「社員が時間をかけてクレーム処理をするより、モノやお金を使って上手に解決すればいいと思うんですが」

と言う人もいます。クレーム対応に関する認識がいかに不足しているか、考えさせられてしまいます。クレームは、「処理」するものではなく「対応」するものです。モノやお金でなく「お客さまの心情を理解する」ことが、実はクレームの解決を早めるための最適な手段なのです。

お客さまの心情が理解できると？

✕ 不利になるから一切、謝ってはいけない

✕ 時間がもったいないから、モノやお金で上手に対応するほうがよい

↓

クレームが大きくなる

↓

心情を踏まえた声かけ例

「大変お困りなんですね」
「ご不便をおかけいたしまして、誠に申し訳ございません」
「お時間を取らせてしまいまして、申し訳ございません」

↓

大クレームや社長への手紙、裁判沙汰は、激減

このパートでわかること
➔ 心情理解ができない、言い訳、事実確認ミスは厳禁

02 クレーム解決の基本は「心情理解」

冷静になっていただくためにお声をかける

クレーム対応に専門的な知識は必須ではありません。クレーム対応の基本手順さえ守れば、誰にでも対処できるものです（30ページ参照）。

なぜなら、クレーム対応のスタートは、「問題の解決策を提示すること」ではなく、「お客さまに冷静になっていただくこと」だからです。まずは、お客さまに怒りをしずめていただき、クレームをこれ以上激化させないことができれば十分です。

では、クレームにはどのような態度で臨めばよいのでしょうか。むずかしいことですが、ひと言でいうと、お客さまが困っている事実とその心情を理解して「声をかけること」です。

クレーム対応時に気をつける４つのこと

①相手と目を合わせながら話をする
（対面の場合）
②誠実に対応する（ごまかしや嘘は厳禁）
③熱意を見せる
④その場をつくろわない

「困っている人」に「共感」するのは当たり前

クレームが大きくなると、「社長への手紙」が出されたり、裁判沙汰になったりすることがあります。一応対者の手を離れて、会社として、多大なコストを費やして対応する必要が出てきてしまう瞬間です。これは、応対者にとってもお客さまにとっても、不幸な事態といわざるを得ません。

こうした事態にまで発展するクレームの多くは、「対応が悪かったから」、もっといえば「応対者が、こちらの気持ちをわかってくれなかったから」というのが多いものです。

「困っている人」がいたら共感するのはごく普通のこと。ましてや自社の商品・サービスを使っていただいているお客さまであれば、なおさらです。たとえば、お客さまからクレームを受けたときに、

「大変お困りなんですね」
「ご不便をおかけいたしまして、誠に申し訳ございません」
「お時間を取らせてしまいまして、申し訳ございません」

という第一声がお客さまの気持ちをしずめます。共感は、クレームの解決を

早める最適な手段なのです。

動作と表情で「共感」を伝える

動作と表情は目に入る「言葉」。
お客さまに対し、動作と表情で
共感の気持ちを表すことを心がけよう。
話す・聞くの「言葉」よりも、実は大切。

「共感」の気持ちを表す練習をしよう

とくに重要なのが「お詫び」です。「お詫び」をしてはまずいと考える組織が少なくないのですが、お詫びと謝罪は異なります。

お詫びとは、お客さまとの人間関係をつくるための最初の行動です。全面的に自社や自分の「非を認めて」「謝罪せよ」と言っているわけではありません。謝罪は事情がわかって最後にするもの。あるいは、こちらに完全に非がある場合にするものです。

ただ実際には、共感の気持ちはあっても、きちんと表現ができず、言い訳が先行したり、黙ってしまったり、ふてくされているように見えたりする人が多いのが現実でしょう。

「お客さまの心情を理解」して共感の気持ちを込めた声かけができるようになるためには、毎日1分間でよいので、声に出して繰り返し練習することが一番の早道です。まずは「言い慣れる」ことを目指しましょう。

覚えておきたい「お詫び」の言葉

ご不便をおかけいたしまして、
誠に申し訳ございません

お時間を取らせてしまいまして、
申し訳ございません

せっかく当社の製品をお使い
いただきましたのに、誠に残念です

毎日1分間、声に出して練習する

「言い慣れる」ことを目指す

このパートでわかること
➡ お客さまが困っている事実と心情に「共感」を示す

03 「言い訳」「間違いの指摘」「反論」から始めない

クレームに対する心の予防線を取り払おう

クレーム対応がうまくできない人は、お客さまの話を全然聞いていないようです。たとえば、このような具合です。

お客さま　「○○について聞こうとしたら、窓口の人の対応がすごく悪くて、露骨に嫌な顔をされたんですけど……」

応対者　「今日はイベントがある関係で人手が足りなくて、窓口の担当者もものすごく忙しくて対応しきれないんです。それにこの時間帯は1日のうちで一番混雑する時間でして……」

このように、お客さまの話を最後まで聞かず、「言い訳」や「説明」を始めてしまう。もしくは、黙って聞いているけれども無反応・無表情などという人

「が止め」「ど止め」は使わない

最後に「が」と「ど」がつく言葉は禁句。
×「○○とおっしゃいますが」
○「そうだったのですね」
×「お気持ちはよくわかるんですけれど」
○「お気持ちはよくわかります」

が多くいます。お客さまの話が聞けない理由は、「これ以上クレームを聞きたくない。なんとかクレームを聞かずにおさめてしまおう」と、心が防戦しているからでしょう。それが行動に表れているのです。

実は、「お客さまの話を聞かない対応」こそが、クレームを受ける元凶なのです。

言い訳を始めると、クレーム対応はまずうまくできません。お客さまの頭の中は、「言い訳するんじゃない！」「私の話をちゃんと聞いてほしい」という気持ちでいっぱいになっています。

自分たちの判断・常識を押しつけない

「どうも私はクレームを受けやすいような気がする」という場合、クレームを申し立てているお客さまに対し、意見・意向の間違いを指摘したり、即座に反論をしてしまったりと、お客さまの気持ちを逆なでしていることが多いものです。

とくに自分の判断やマイルールに固執して、「こちらにいかに正当性がある

怒りをしずめていただくには？

反論ではなく肯定で対応する。
「お気持ちはよくわかります」
「そうだったのですね」
こちらの言い分がある場合は、
お話を聞き、事情がわかった上でお伝えする。

か」を長々と反論してしまう人の場合、クレームが重大化するケースが圧倒的に多くなります。

商品・サービスを提供する側とお客さまの常識は異なります。その点を考慮に入れず、自分たちの常識が常に正しいと考えて対応しているので、クレームにあいやすいのです。

クレーム対応では、反論や言い訳をするのではなく、まずはお客さまの気持ちを受け止め、お客さまに「共感」を示す言葉をかけましょう。

たとえば、次のような言葉かけです。

「ご指摘いただいた通りでございます」
「さぞご不快でいらっしゃったことと存じます」
「○○（お客さまの言葉の復唱）でございますね」
「お客さまと同じ立場であれば、私も同じように感じると思います」

日ごろからお客さまの立場に立って考える訓練をして、お客さまを主語にして言葉を発するようにしましょう。

クレームが大きくなるのはなぜ？

クレームを受ける側の心理

- これ以上クレームを聞きたくない
- なんとかクレームを聞かずに
おさめてしまいたい

↓

怒っているお客さまに対して

- 言い訳・自分の立場の主張
- お客さまの間違いを指摘・反論
（自分たちの常識の押しつけ）

↓ お客さまの
気持ちを逆なで

大きなクレームへ
発展

このパートでわかること

➡ クレームを受けやすい原因は自分の対応にあることも

04 解決すべき問題・ご要望を確認する

事実確認のミスがクレームを大きくする

お客さま　「今日の10時に届くように頼んだ花がまだ届かない。どうなっているんだ！」

応対者　「はい、申し訳ございません。大至急おもちいたします。いつごろまでにお届けすれば、大丈夫でしょうか？」

お客さま　「11時までなら間に合う。早くしてくれ！」

応対者　「かしこまりました」

（応対者は大急ぎで、10時50分にお客さまに花を配達）

お客さま　「誰がそんな花を頼んだ！　母の祥月《しょうつき》命日の仏壇に供える花だ。もうお坊さんも来ているのに！」

（お客さまの怒りはさらに高まる）

あわてて確認漏れを起こさないように気をつける

このケースでは、クレームの対応時にあわててしまい、くわしくお客さまの話を聞かないうちに「解決策＝とにかくすぐに配送に向かう」ことを提示してしまったことが一番の問題です。

①何が問題になっているのか
②お客さまのご要望は何か

を、落ち着いて「通常通り」に確認すれば、このクレームは大きくならずに済んだはずです。

このように、クレームを受けた一次応対者があわててしまい、何が起こっているのか状況をさっぱりつかめていないことがよくあります。当然、事実確認がきちんとできていないと、クレームは解決できません。クレームを受けたら、しっかりお客さまの話を「聞くこと」が大切です。それは、「事実確認」にもつながるからです。

「事実確認」という言葉はお客さまに使わない

「事実確認」という言葉は、取り調べの印象を受けて不快に感じる人がいるので厳禁です。
×「事実確認をさせていただきたい……」
○「くわしくお話をお聞かせいただけませんか」

超重要！ 言葉の意味と心情を探る

お客さまとの間で言葉の認識が違うと
クレームへの対応を誤ってしまう。
お客さまはどんな意味で
その言葉を使い、どんな心情で
おっしゃっているのかを探ろう。

「おそれ入りますが」とひと言添える

事実確認では、「何が問題なのか」「お客さまは何を伝えたいのか」を、質問をはさみながら聞き出していくのがポイントです。事実を押さえると、お客さまが抱えている問題がわかり、適切な対応が取れるようになります。

ただし、事実確認が大切だとしても、事務的であったり、尋問調になっては、さらなるクレームにつながってしまいます。必ず、

「おそれ入りますが」

とひと言添えてうかがうようにしましょう。

また、お客さまのお話を正確に聞き取ることは、案外、むずかしいことです。「自分が聞いた内容に聞き間違いもある」という前提で聞くことも大切です。

お話を聞いたあと、

「ここまでの確認をしても、よろしいでしょうか」

とお尋ねして復唱や要約をし、聞き取った内容に間違いがないかを確認しましょう。これは応対者の聞き手としての責任を伝えることにもつながります。

メモを取ってしっかり確認！

クレーム

↓

あわてずしっかり
事実確認

メモを取る

❶ いつ、どこでトラブルが発生したか

❷ どんなことが起こっていて、お客さまは何にご不満をおもちなのか

❸ どなたがご不満をおもちなのか

❹ 問題点は何か

❺ 当方に対してどうしてほしいとお考えなのか

**お客さまの常識と自分たちの常識が
異なっていないかもしっかり確認しよう**

このパートでわかること
➔ お客さまの話の復唱と要約で、聞き取りミスを防ぐ

05 4つの基本手順に従って対応を進める

クレーム対応の4つの基本手順とは

クレーム対応には、次の4つの基本手順が存在します。どのようなクレームでも、この手順に従えば、ほとんどの場合は解決できます。

手順① 当事者意識を強くもつ
手順② お客さまの心情を理解し、行動で示す
手順③ お客さまの解決すべき問題・ご要望は何かを確認する
手順④ 問題の解決策を提示する

◆手順① 当事者意識を強くもつ

これは、自分が直接関与していないことであっても、常に「自分は組織を代

常識をすり合わせてクレームを防ぐ

クレームがなかなか解決しない原因に
お互いの常識が異なる、ということがある。
「○○については××でございますね」など、
事実確認時には復唱して、お客さまとの
常識のすり合わせをしよう。

表する責任者」という意識で対応するということです。クレームには、組織に対して寄せられるものも多くあります。「自分は関係ない」という態度はお客さまに不快感を与え、不満を増幅させてしまいます。

◆手順② お客さまの心情を理解し、行動で示す

クレームを寄せるお客さまには感情を害した理由が必ずあります。お客さまの立場に立って「共感」し、心情を理解する言葉をかけましょう。

お客さま　「君のところの製品で、子どもがケガをしてしまったよ」

応対者　「それは大変でございます！　お子さまのおケガの具合はいかがでございますか？」

自分の家族や親しい友人がケガをしたときの状況を思い浮かべながら言ってみてください。そのような場合に淡々と言えますか？　無表情で言えますか？

この場合のポイントは「身内の不幸に遭遇したように対応すること」です。

二次クレームを防ぐには

お客さまは「怒って」いる。
まずは「3分間話を聞く」姿勢で。
いきなり解決策を提示したり、
自分の立場を主張したりすると
お客さまの神経を逆なでしてしまう。

◆手順③ お客さまの解決すべき問題・ご要望は何かを確認する

クレームがこじれてトラブルになる原因は、問題・ご要望の確認をおろそかにしている場合が多いものです。その確認の際には「おそれ入りますが」とひと言添えて、お客さまの話をうかがいます。

◆手順④ 問題の解決策を提示する

お客さま「やっと商品が届いたと思ったら、キズがついていたぞ」

応対者「はい、それではお取り換えいたします。着払いでこちらにお送りください」

お客さま「取り換えればいいというものではないだろう！」

この場を逃れたいと思い、とりあえずの解決策を提示してしまうことがよくありますが、その姿勢はすぐにお客さまに伝わります。「そういう問題じゃない」「真剣に考えてくれていないのではないか」とお客さまがお怒りを深めて、二次クレームを招きます。お客さまの気持ちが晴れないと、解決策は受け入れられにくいものです。解決策の提示は最後にしましょう。

クレーム対応の４つの基本手順

手順 ❶ 当事者意識を強くもつ

- 覚悟と勇気をもって「組織を代表している」という意識をもつ
- お客さまが頼れるのは自分だけ
  - × 自分には関係ない、わからない
  - × 責任逃れをしようとする

手順 ❷ お客さまの心情を理解し、行動で示す

- 誠実な態度で臨む
- 共感を示しながら、お客さまの話をよく聞く

手順 ❸ お客さまの解決すべき問題・ご要望は何かを確認する

- あわてずに、何が問題か、ご要望は何かを確認する
- 相手の常識とこちらの常識をすり合わせる
- 「プロ」に話しているという安心感をもっていただきながら、情報収集をする

手順 ❹ 問題の解決策を提示する

- 解決策の提示はお客さまの気持ちが晴れてから

このパートでわかること

➔ 当事者意識をもつ→心情理解→事実確認→解決策提示

06 クレーム対応で使いたい3つの方法

■きれいに「頭を下げて」お詫びを伝える

気持ちの込もった「お詫び」ができるかどうかはきわめて重要です。相手の心情を汲み取り、申し訳ない気持ちを「頭を下げて」表します。

具体的には、次の点に注意して頭を下げます。

①当方のミスやお客さまのご要望に応えられないことを、心から申し訳ないと思いながら頭を下げる

②「誠に申し訳ございません」と神妙な態度（口調）で申し上げ、その後、深々と頭を下げる

相手に自分の「つむじ」が見えるくらいまで頭を下げます。おじぎの角度は45度の「最敬礼」です。背筋をピンと伸ばし、腰から上を折り曲げます。

情報は、精度によって分けて説明する

明確な事実と不確かな情報は
分けて説明する。
相手の認識が混乱すると
「言った、言わない」の
問答になりがち。

③誠意を込めて頭を下げ続ける

心の中で「申し訳ございません」と最低3回は唱えましょう。

「言葉の緩衝材」を使って気持ちを和らげる

事実や状況に配慮した「言葉の緩衝材」を使う方法もあります。

「お手をわずらわせてしまい、申し訳ございません」
「ご不快な思いをさせてしまいまして、誠に申し訳ございません」

など、相手への心づかいを表す言葉をおかけすることでお客さまのお怒りを受け止め、お客さまに冷静になっていただくことができます。

「相づち」「うなずき」「復唱」で共感を示す

また、「相づち」「うなずき」「復唱」も有効です。

相手に「きちんと伝わっているな」と感じると、お客さまのお怒りはしずまります。そのためにも、お客さまへの共感を、お客さまが見て、聞いて、しっかりわかるように対応することが重要です。

相づちの練習をしよう
日々の会話の中で相づちの練習をしよう。
たとえば、自分の話をはさまず、
相づちを打ち、
相手に3分間、気持ちよく語ってもらう。
こうした練習を繰り返すことが効果的。

それを表現できるのが、「相づち」「うなずき」「復唱」です。

具体的には、「聞く」際に、

「はい」

「おっしゃる通りです」

「ごもっともです」


などと言って「相づち」を打ち、「うなずき」、「復唱」をします。

ただし、「うなずき」のしすぎは逆効果になるので、話の40~50%ぐらいにしましょう。

「復唱」は、お客さまの言葉の一部（キーワードになる言葉）をそのまま投げ返すことで、お客さまへの同調や共感の心情を表す意味があります。

たとえば、お客さまが「○○が××なんだけれど」とおっしゃったときに、「○○が××なのでございますね」と答えると、お客さまは自分の話を理解してもらえているとわかり、心が落ち着いていきます。

お客さまの中に、「この人はわかってくれる人だ」「理解されている」という意識が生まれると、それがスムーズなクレーム対応につながります。

クレーム対応時に使える言葉

言葉の緩衝材　事実や状況に配慮した緩衝材的な言葉

❶ お詫びをするとき

- 「ご不快な思いをさせてしまいまして……」
- 「お手をわずらわせまして……」
- 「ご不便をおかけいたしまして……」
- 「せっかく○○をご利用いただきながら……」

❷ お客さまにご協力を仰ぐとき、お手をわずらわせるとき

- 「お手数をおかけいたしますが」
- 「おそれ入りますが」
- 「(ご多用中、誠に)恐縮ですが」

❸ お客さまに事情をうかがうとき、こちらから何か提案するとき

- 「差し支えなければ」
- 「もしよろしければ」
- 「おそれ入りますが」

❹ お客さまに申し上げにくいことを言うとき

- 「誠に申し訳ございません。あいにく……」
- 「お役に立てず心苦しいのですが……」
- 「申し上げにくいことではございますが……」

共感　お客さまへの共感を示す言葉

- 「おっしゃる通りです」
- 「○○が××なのでございますね」

このパートでわかること
➔ ①頭を下げる、②言葉の緩衝材、③共感を示して対応する

07

基本のクレーム対応①

完全にこちらの手違いでクレームが生じたら

事例 予約ミスでクレームが発生したケース

お客さまが、当方の予定とまったく違う日時にいらっしゃいました。すでに別の利用者で予約はすべて埋まっており、お客さまに利用していただくのはむずかしい状況です。お客さまは、「今日のためにわざわざ予定をあけたのに、どういうことだ！」と、大変にお怒りのご様子です。原因をよく調べてみると、当方のミスで、ご利用日時の変更連絡について対応できていなかったことがわかりました〈サービス業〉。

自分の態度や言葉に注意して謝罪する

当方のミスでクレームが発生するという、残念ながらよくあるパターンです。

クレームには３種類ある

①善意のクレーム（当方に非がある）
②悪意のクレーム（金銭目的など）
③お門違いのクレーム
（常識的に対応がむずかしいもの）
⇒②以外は基本的に同じ対応が可能

このようなケースは、対応の仕方次第で新たなクレームを生んでしまう可能性があります。こちらに原因があるのですから、当然、謝罪することから始めます。

「せっかくご予約いただいていたにもかかわらず、私どもの不手際で○○さまの貴重なお時間を無駄にしてしまい、誠に申し訳ございません」

このような言葉が、お客さまへの第一声になります。

しかし、「とりあえず謝っている」と思われるような態度は禁物です。お客さまがこちらのミスによってどんなにお困りか、失望されているかなど、お客さまの心情に共感していることをしっかりと言葉や態度で示しながら、頭を下げて謝罪することが必要です。声や表情に気持ちを込めて応対します。

ミスが起きた原因を丁寧に説明する

「謝罪」のあとに、「なぜこのようなことが起こったか」という原因を究明し、お客さまに説明します。

「お調べいたしましたところ、○○（原因）のために、このようにご迷惑をお

原因や理由を聞かれたときの対応

お客さまにミスの原因や理由を聞かれたら
一つだけを簡潔に申し上げて、
原因や理由をいくつも挙げないようにする。
長々と原因についての話を聞かされて
怒りが増さないお客さまは、まずいない。

かけしてしまったことがわかりました」

重要なのは、クレームが発生した経緯の説明は、謝罪のあとだということです。言い訳を先行させることは避けましょう。また、正直に、本日はご利用いただけないことを説明します。忘れずに、お客さまのご都合を最優先にして、新しい予約を入れましょう。

二度と同じミスをしないことを伝える

クレーム対応後は、また同じミスが起きないように、上司・職場の同僚に本件を伝え情報を共有するとともに、対応策を検討します。

また、お客さまにも、今後再び同じ事態が発生しないよう努力する旨をはっきりと伝えます。

その場合、「〇〇会議」で対策を取るというように、より具体的に伝えれば、お客さまにも理解していただきやすくなります。

「今後、同様のことを起こさないよう、今度の『〇〇会議』で対策を取らせていただきます。誠に申し訳ございません」

完全にこちらの手違いによるクレームへの対応

① 心情を理解した上で謝罪

「せっかく○○でしたのに、私どもの不手際で××をしてしまい、誠に申し訳ございません」

言葉だけでなく、声のトーンや態度で
謝罪の気持ちを表す

② 事情を説明する

必ず謝罪をしたあとに行うこと。
謝罪の前に事情を説明すると、言い訳じみてしまう

なぜ、こんなことが
起こったの？

↓

お客さまには
知る権利がある

このパートでわかること
➔ 言葉や態度に注意して謝罪し、原因を丁寧に説明

08

基本のクレーム対応②

お客さまの間違い・勘違いでクレームを受けたら

●事例● 開店時間を知らずに来てクレームに

11時の開店と同時にお客さまが来店され、「10時開店だと思ったから10時前に来たのに、なぜこの店は11時開店なんだ！　普通は10時開店だろ。この寒い中、1時間も外で待たされた！」と怒鳴っています。「そうおっしゃられましても、11時開店と店の前にも書いてございますし……」と申し上げましたが、お客さまの怒りはおさまりません〈小売店〉。

最初からお客さまの間違いを指摘しない

「ほかの店では10時に開店している。だからおまえもやれ」と言われても、できないものはできない。そう思ってしまうのも無理はあり

お客さまの心情理解のポイント
①いま、お客さまはどう思っているのか
②何にお困りなのか
③その思いに対して自分はどう声をかければよいのか
などを考えて言葉を発しよう。

ません。

しかし、思ったことをそのままお客さまに言ってしまうと、クレームは拡大するばかりです。

「私は間違っていない。悪いのはお客さまだ」と思って、ムッとした表情をしたり、お客さまの間違いを指摘したりするのは避けましょう。

考えてみてください。お客さまは、朝早い時間に家を出て、ずっとお店の前で待っていてくださったのです。お客さまに対する感謝の気持ちを込めて、寒い中、1時間以上もお待たせしてしまったことに対して、

「せっかくご来店いただきましたのに、寒い中、お待たせして申し訳ございません」

と、声をおかけし、イスをおすすめしたり、可能なら温かい飲み物をおもちしたりすべきです。

お客さまの不快な感情に「人」として共感し、お客さまの傷ついた心を癒やして差し上げる必要があります。お客さまの心情を理解したこうした行動のあ

お客さまから評価してもらうには

お客さまからのクレームに対して
組織・会社として対策を検討し、
その結果を誠意をもって報告すると、
「一生懸命やってくれた」という
お客さまからの評価が得られる。

とでないと、お客さまに間違いを指摘しても、スムーズに受け入れてもらうことはできません。

ご要望は「上の者に伝える」と約束

お客さまのご要望についてはありがたく頂戴し、あなたが一従業員の場合には、必ず「お客さまの生の声」を上の者に伝えるという決意を伝えることが大切です。お客さまに、

「お客さまのご指摘は、上の者にも伝えさせていただきます」

とお伝えしましょう。そうすることで、お客さまは「自分はないがしろにされていない」と思うことができ、お店に対してますます愛着をもってくれるものです。すでに開店時間の繰り上げを検討中の場合は、その状況もお伝えします。

また、同じようなクレームを申し立てたお客さまが、過去にいなかったかを確認してみましょう。もしかしたら、開店時間の表示の仕方に問題があるのかもしれません。次のクレームの芽を未然に摘《つ》み取ることも意識しましょう。

「勝ち負け」ではなく、お客さまに「人」として共感する

つまらない「勝ち負け」の意識を捨てる

「私は間違っていない」

「悪いのはお客さまだ」

お客さまの不快な感情に
「人」として共感

↓

お客さまの傷ついた心を癒やす

このパートでわかること
→ 間違いの指摘をするのではなく、心情理解から始める

09

基本のクレーム対応③

自分の判断間違いでクレームが生じたら

●事例● **自分の常識で判断したことがクレームに**

お客さまが住所・氏名などを記入して提出された申込用紙が間違っていたため、別の用紙をご案内し、間違われた分をシュレッダーにかけて廃棄しました。しかし、しばらくたってお客さまが窓口においでになり、「前に提出した申込用紙はどうしたのか?」と尋ねられたので、「個人情報が書いてございましたので、シュレッダーにかけました」と答えると、「私に断りもせずになぜ処分したのか!」と激しくお怒りになりました〈自治体〉。

自分の勝手な判断を謝罪する

自分にとっては「不要なもの」、ましてや個人情報の記入されたものなら、

よかれと思ってしたのに、お客さまはなぜお怒りに？

お客さまのお怒りのポイント

- お客さまにとってはとても大切なものだった
- 自分に断りがなく処分されたことに腹を立てた

応対者の言い分

- よかれと思っていた
- 普通に考えて妥当な処理だった
- まさか必要なものだとは思いもしなかった

お客さまに
お断りもせず
○○をいたしまして、
誠に申し訳ございません

ポイント

この場合に必要なのは
一にも二にも「お客さま」視点

何回お詫びに行けばよいか

「来なくていい」と言われるまで行く
という覚悟でいる。
100回でも200回でも
お詫びに行くという覚悟で‼

個人情報の漏《ろう》えい防止のため、すぐシュレッダーにかけるというのはよくあることです。「自分は悪いことをしていない」――。そんな気持ちでいっぱいだと思います。このようなときは、「自分の常識と他人の常識は異なる」ということをしっかり認識すべきです。

今回のようなケースでは、

「お客さまにお断りもせずに処分をいたしまして、誠に申し訳ございません」

と、お客さまへの配慮がなかった点と、処分方法はお客さまが判断されるものであるのに、当方の勝手な判断で処分したことを謝罪します。

その都度、お客さまに確認を取る

自分ではよかれと思ってしたことでも、クレームの原因となることがあります。自分の勝手な思い込みで対応するのではなく、どんな場合にも、

「○○については、いかがいたしましょうか」

など、その都度お客さまにお断りや確認をし、お客さまの考えを踏まえた対応をしなければなりません。

判断違いによるクレームを防ぐには

お客さまの考え、価値観に合わせて対応

- 人にはそれぞれ違った考え、価値観がある

その都度おうかがいを立てる

- このようにすると、自分の判断間違いによるクレームを未然に防ぐことができる

このパートでわかること

➜ お客さまへの配慮不足と自分の勝手な判断を謝罪する

コラム1 クレームの再発防止体制をつくろう

クレームの再発を防止するためには、全社的に、または部署内にきちんとしたクレーム対応の体制をつくっておかなければなりません。

ポイントは5つあります。

①業務知識やクレーム対応方法の標準化（一元化）

業務に関する基本的な事務の流れと知識についてのマニュアルをつくり、社内・部署内で情報を共有します。

②社員間の連携の強化

クレームを担当者に引き継ぐ際は、お客さまからの用件も引き継ぎます。担当者不在時に発生したクレームは、事前事後の連絡調整を確実にします。

③クレーム時のバックアップ体制確立

同僚がクレーム対応で困っているときは、すぐにフォローするという意識を全員に徹底します。

④クレーム「カルテ」の作成

クレームの内容、対応方法、経緯、結果（いつ、どう終わったか）などを記録した「カルテ」を作成します。

⑤クレーム対策会議の開催

クレームの原因究明と、その対策・回答を全員で考える場をつくります。

第2章

シニア層や外国人のお客さまにはこう対応する

10 シニア層から、応対へのクレームがあったら

●事例● ご高齢の方に「応対がなっていない！」と怒られたケース

お手続きに来られたご高齢の方に「必要書類が足りないので、今度もってきてくださいね」と伝えたところ、「年寄り扱いしやがって。俺は○○で役員までやったんだ。君の説明がなっていないのが悪いんだよ！」と怒鳴られてしまいました。それ以来、毎日のように窓口に来て、「受付に書類が散らかっている。個人情報の取り扱いがなってない」「俺が上司だったら……」と言われ、困っています〈医療機関〉。

「あなたを尊重している」という姿勢をはっきり見せる

シニア層は「できれば、世の中を正しくしたい」という心情をもち、自分な

シニア層の気持ち
正しいことをしたい、伝えたい。
正しい世の中にしたい。
そのために自分の知識やできることを
精一杯伝えたい。
よりよい世の中にするためにアドバイスは惜しまない。

りの正しさを前提に行動する傾向があります。

加えて、シニア層からのクレームにおける背景の一因として、これまでの社会的立場から、ものを見る傾向が挙げられます。

また、社会的な地位が高かった人ほど、丁寧な応対をされて当然だという思いが根底にあります。立場や役職がなくなっても、自分をそのときと同じように扱ってほしいという気持ちがあるものです。

今回のケースでは、まずお客さまの望む応対ができなかったことをお詫びします。

「ご指導ありがとうございます。勉強になります」と、その方が上司であったかのように、声や表情に心からの敬意を込めて応対します。

初期対応で「あなたを尊重している」ことを伝えましょう。

面倒くさがるような態度は絶対に見せない

このケースのお客さまは「自分が指導しなければならない」という使命感に

お客さまに叱責されたときは

お客さまの言葉に反論せず
お客さまの気持ちに寄り添うように
「そうですね」などと申し上げながら
お客さまの気持ちがおさまるのを待ち
再度お詫びを申し上げる。

燃えている傾向がある方です。こうしたタイプの方が窓口に来られた際は、「ご意見をもとに、職員の意識徹底を行っております」と返答し、お客さまのアドバイスを受け入れている姿勢を見せましょう。

お客さまの、「役割を果たせた」という満足につなげていただきます。

お客さまのご意見を実現することがむずかしい場合もありますが、相手に敬意を払いながら改善する姿勢を見せることが、解決への近道です。

丁寧な対応で信頼関係をつくる

シニア層には、「孤独で寂しい」「話し相手がほしい」というお気持ちの方もいらっしゃいます。「窓口に何度も来たら困る」とストレートに伝えられない場面も多いと思いますが、丁寧な応対を心がけてください。

お客さまをお名前で呼ぶ、お話をしっかり聞くなど、お客さまとの信頼関係をつくった上で、上司や同僚と連絡をとりながら、こちらの要望を丁寧に伝えます。

シニア層へのクレーム対応のポイント

シニア層の気持ちを考える

- 丁寧な応対をされて当然
- 正しい行動をしたい
- 人の役に立ちたい

**言葉や行動で、
「あなたを尊重している！」と伝えていこう**

- 話を聞こうとする姿勢を見せる
（相づち・アイコンタクト・復唱など、行動で示す）
- ご意見を取り入れて改善している様子を伝える
- 知識や人生経験への敬意を示す
- お名前で呼ぶ、話をしっかり聞くなどで、
信頼関係を構築する
- 「こっちは忙しいのに……」「かまって
いられない！」という態度は見せない

このパートでわかること
➔「敬意を示し、意見を尊重している」という姿勢が大切

11 丁寧に説明したつもりがクレームになってしまったら

事例 複雑なサービスを丁寧に説明したつもりがクレームに

携帯電話の機種変更でお客さまがご来店されました。おトクにご利用いただきたいと思ったので、新たな料金プランや、プロバイダーの乗り換え割引などのキャンペーン情報もあわせてご紹介したところ、お客さまから「こっちが知らないと思って、高い金額の契約をさせるつもりなの?」と、激怒されてしまいました〈サービス業・携帯電話販売〉。

「お客さまが知りたいこと」をしっかり把握する

この場合、お客さまは「携帯電話の機種変更」を希望し来店されているため、料金プランの説明は後回しにすべきでした。

☑自分の対応をチェックしてみよう

- □順序を考えながら話しているか
- □早口でまくし立ててはいないか
- □聞き取れる声で話をしているか
- □誠意を込めて対応できているか

まずは「説明がわかりにくく、申し訳ございません」とお詫びをし、お客さまのご要望を再確認しましょう。納得がいく機種変更をしたあとで、追加の提案を行います。

複雑なサービスや料金体系を説明するときは、まずお客さまがほしい情報は何かを把握します。

一から十までを丁寧に説明するのではなく、お客さまの背景に考えを巡らし、時おり質問をしながら話すようにします。

「お客さまは今日初めて聞く」を意識する

応対者にとっては毎日説明しているサービスや料金プランなどの名称も、お客さまにとっては初めて聞く言葉かもしれません。応対者は慣れているので、つい早口な説明になりがちですが、それではお客さまを混乱させてしまうばかりです。

説明を、「お客さまは今日初めて聞く」ということを、まず意識しましょう。

そして、お客さまに十分に理解していただける説明をするには、普段の業務

感覚的なクレームにも注意

音、臭いといった感覚的なものに対して
「標準」「基準値以下」などの言葉は厳禁。
これらは、お客さまの感覚が異常だと
言っているのと同じ意味になってしまう。
お客さまの心情を理解して、言葉をかける。

で使用している専門用語や言い方を見直すことが重要です。わかりづらい言葉を使っていないかをチェックし、必要に応じて、よりわかりやすい言葉で説明できるように事前に考えておきます。

お客さまの理解スピードを見て話を進める

説明がわからないと、お客さまの不安な気持ちは大きくなります。

そうした不安は、お客さまの表情や態度から読み取ることができます。

そこで、説明する際には、お客さまの表情、目線を確認しながら話を進めましょう。

さらに、お客さまに「ここまでで、ご不明な点はございませんか?」という言葉を添えて確認しながら説明を進めていくと、お客さまに安心感を与えられます。

こうした普段からの心がけと同時に、自分のペースで、通り一遍な話をしていないかなどを、上司や同僚に確認してもらうことも重要です。

お客さまへの説明で、押さえるべきポイント

❶「お客さまが求めていること」を、しっかり把握する

- お客さまの「目的」に合致しない親切心は、空振りになってしまう

❷「お客さまが知りたいこと」に重きを置いた説明をする

- 複雑なことを一から十まで説明しようとせず、情報を絞って伝えよう

❸説明を「お客さまは今日初めて聞く」と認識する

- 専門用語はなるべく使わない
- 話すときは、ゆっくり、はっきりと

❹表情や反応などから「理解度」を確認しながら話をする

- 「ここまでで、ご不明な点はございませんか?」などと尋ねながら話を進めよう

このパートでわかること
➔ お客さまの「ほしい情報」をきちんと把握し、説明する

12 外国人のお客さまからクレームを受けたら

●事例● **自転車の駐輪場所を注意したらクレームに発展**

当社が管理している賃貸マンションの共有部に、外国人入居者が自転車を駐輪していました。共有部には私物を置かないルールであることと、駐輪場があるのでそちらを利用するようにご案内したのですが、「なんでわざわざ遠い駐輪場まで行かなければならないの？　ルールばかりを押しつけないでください！」と言われ、その後は母国語でまくし立てられました〈不動産管理〉。

外国人のクレームは「強い要望」であることが多い

いよいよグローバル化が進み、普段の生活でも外国人と接することが多くな

対応時に注意する４つの表情

①無表情、軽薄な愛想笑いをしない
②堅苦しくなく神妙な顔つきで
③お客さまが考えているときは
　むやみに笑顔を見せない
④要所要所で視線を合わせる（10秒以上は×）

っています。「外国語が話せないから、自分は対応できない」という姿勢では、いつまでたっても双方の不満解消にはいたりません。「解決したい」という自分の精一杯の気持ちを伝えるために、日本語でもいいので、声かけや説明を行い、一生懸命に問題解決に取り組んでいる姿勢を見せることが重要です。

外国人の方は、困っていることや要望をうまく伝えることができず、激しく主張されることがあります。私たちはそれを「クレーム」として受け取ってしまいがちです。具体的なお困りごとを確認して、可能な限り要望に沿う用意があることを伝え、何をしたら解決できるかを確認することに徹しましょう。

お客さまが落ち着いて話せる状態になったら、双方の思い違いをなくすため、翻訳アプリを使用したり、言葉がわかる第三者を交えたりして対応します。

できないことは「できない」とはっきり伝える

お客さまのご要望に応えられない、あるいは対応がむずかしいとわかった場合は、「できない」ことをとはっきり伝え、その理由を説明する必要があります。「検討します」「もち帰ります」「上司に申し伝えます」などのあいまいな表現は、

クレーム対応での「傾聴」の原則

①話を途中でさえぎらない
②疑問を感じたら、必ず「話の最後」に尋ねる
③結論が見えても、話を切り上げない

外国人に対しては「対応できる余地がある」と期待をさせてしまいます。
できない場合は、理由をくどくど説明するより、早めに結論を伝えるほうが適切です。もしでき得る代替案があれば、そのあとに、ご提案しましょう。

「外国人だから」と考えない

人は誰でも不慣れな環境では、文化と価値観の違いについていけないものです。クレームを言い立てた方が外国人だった場合、「ルールを守らない非常識な人」と決めつけてしまうのは早計です。

「これだから外国人は～」と言葉にする人もいますが、そのような不適切な言動も控えましょう。

来日される外国人には日本に馴染みがある方もいるため、日本語を多少は理解できるケースもしばしばあります。

「外国人は日本語を知らない」と高を括《くく》らず、日本人のお客さまと同じような対応を心がけてください。

外国人を相手とするクレーム対応の心得

- まずは「言語と文化の違い」を意識する
  「うまく伝えられない」状況を、
  安直にクレーム扱いしない
- 価値観の違いを理解し、「外国人だから……」と決めつけない
- 翻訳アプリを活用するなど、お互いの思い違いをなくす
- 「あいまいな表現」は避け、早めに結論を伝える

「検討します」
「上司に伝えておきます」
これだから外国人は
困るんだよね……
自分の言い分ばかりで、
非常識だ
つまり、どういうこと?
なぜ話を
聞いてくれないの?

このパートでわかること

重要なのはコミュニケーション。「相手の状況」に思いを馳せ、話を聴こう!

コラム2　外国人に聞いた！日本で感じた文化の違い

外国人のお客さまと接する機会も増えてきました。文化の差を理解し、日ごろの対応に活かすと、お客さまの満足度も上がり、クレームの芽を摘むことができます。ここでは、外国人が日本で感じるサービスへの不満を挙げてみます。

- 「事前に、買うものや食べるものは決めて来日しているので、邪魔してほしくない。短い滞在時間で効率よく回りたいから、必要以上のセールスはうれしくない」（20代・ドイツ出身）
- 「何回も日本に来ているので、文化やマナーは理解している。初めての来日なのか、リピーターなのかは、相手を注意深く観察していたらわかると思う。そうすると外国人観光客への対応が、もっと楽になるのでは」（30代・中国出身）
- 「日本ではルールやマナーを守りすぎ。何でも『絶対』というのに驚いてしまう。ちょっとくらい交渉次第で何とかできることがあってもよいのでは」（20代・ベトナム出身）
- 「中国ではネット決済が主流だが、日本はまだ現金支払が多くて戸惑ってしまう。コンビニのレジでコインを数えるのに時間がかかっていたら、店員さんに怖い顔をされた」（40代・中国出身）

第3章

お怒りが激しいときのクレーム対応

13 規則上、できないことでクレームを受けたら

事例　書類不備のため登録をお断りしたらクレームに

お仕事の紹介希望でいらっしゃったお客さまに1時間ほどお話をうかがったあとで、登録用におもちいただいた書類に不備があることがわかりました。そのため、いますぐのご登録とお仕事の紹介はむずかしい旨をお伝えすると急に激昂《げきこう》され、苦情を申し立ててこられました〈人材派遣業〉。

「規則ですから」とは言わないこと

自社のルールは、当方にとっては正当な理由があっても、それがお客さまの事情にそぐわないこともあります。規則を盾に取って「決まりなので、いたし方ございません」と強弁することはつつしむべきです。

規則を盾にせず、お客さまの事情を汲む

お客さまの申し立てには、
必ず何らかのご事情がある。
「ご事情をお聞かせください」とまずうかがい、
そのご事情を踏まえた対応をする。

自分がクレームを申し立てた場面を考えてみてください。1時間もかけて話した相手に「ルールなのでダメです」と言われたらどう感じるでしょう。「おまえたちの会社が決めた勝手なルールではないか」と思うはずです。自分は尊重されていないと感じたら、お客さまの不信感は一気に募り、大きなクレームに発展してしまう可能性があります。

まず、お客さまの貴重な時間を費やした事実についてお詫びをしましょう。

何らかの対応ができないかを考える

対応できないと即座に決めつけないことも大切です。

規則で決まっているとはいえ、はじめから「ムリです」という態度は考えものです。「いろいろ対策を考えたいので、ご事情をお聞かせください」と伝え、プロとしての業務知識を総動員し、ベストな回答を探りましょう。

また、その場で電話して他部門と交渉したりするなど、お客さまに努力の姿勢を見せることも大切です。

がんばるという姿勢が見えないと、クレームは大きくなってしまうものです。

穏やかに、神妙な声で話す

怒っているお客さまを前に、
黙ってしまったり
逆になれなれしい態度を
取ったりしないようにしよう。
あくまで穏やかに、神妙に話す。

お客さまと一緒に解決策を考えることができれば成功です。

残念ながら、いくら方法を考えても、お客さまのご要望にお応えできないこともあります。

そんなときには、お客さまに「要望は満たされなかったが、一生懸命、自分のために考えてくれた」「悪いのは規則。応対者は悪くない」と感じていただくことが、スムーズな解決につながります。

これはベテランの「必殺技」ですが、必要なのは、「テクニック」ではなく、「姿勢」です。

また「できない」と判断した経緯については、お客さまに対し丁寧に説明し、納得していただく必要があります。

「規則ですからできません」「前例がございませんので」などと答えるのではなく、たとえば、事例のケースでは「人材を希望されるクライアントの企業さまに提出するデータ作成が必要ですので」など、お客さまご自身が「無理である」と判断できるような情報を提供し説明します。

お客さまに納得していただくための対応を

「規則ですから」は禁物

- 「規則」を盾に取ると説得できない場合が多い

なんだと！

お詫びをし、お客さまと一緒に解決策を考える

- なんとか対応できないかとがんばっている姿勢を見せる
- 対応できないと判断したときは経緯を説明する

いろいろと解決策を考えてみたいので、ご事情をお聞かせください

このパートでわかること

➡「規則ですから」と言う前に、ベストな対応を考える

14 一方的に激しい口調で怒られたら

事例 お客さまが感情的で話し合いができないケース

当社で管理しているマンションの住人の方から、「自室の上階から毎晩遅い時間にドンドンと足音がして眠れない」とお電話がありました。ご自分がどれだけ迷惑しているかを一方的に激しく言い立てられ、そのうち当社が派遣している管理人の態度がいかに悪いかにも話が飛び、話し合うことができません〈マンション管理会社〉。

3分間、相手の話を真剣に聞く

お怒りやご不満が大きい場合、一方的に激しい口調でお怒りの言葉を吐き出される方がいます。こういう場合、お客さまは興奮して感情的になっている状

大声を出す人を別室対応するときは？

×「周りのお客さまにご迷惑ですから……」
○「くわしくお話をおうかがいいたしますので、
　こちらへどうぞ」
⇒あなたの話をしっかり聞きたいから
　こちらへどうぞ、というニュアンスを伝える。

態ですので、お客さまの心の内にあるものをすべて出し切っていただきます。

ひたすら話を聞くといっても、お怒りの言葉は普通、3分と続きません。3分間は言葉をはさむのをぐっとこらえてください。途中でお客さまの言葉をさえぎると、気分を害されてさらにお怒りが激しくなり、余計に長く話を聞くことになります。

お客さまのお話を聞いている間は、決して否定的な態度を取らず、話の合間に相づちを打って共感を示し、必要に応じて復唱したり、メモを取るなど、「話を聞いている」「理解している」という気持ちを示しましょう。

お客さまに落ち着いてもらうのが先決

お客さまが言いたいことを言い終えたら、「何が起きたのか」「そのことでお客さまがどんなお気持ちになったのか」を十分理解したことを伝え、あらためて心情理解の言葉をかけます。

「どうしてくれるんだ！」「なんでこうなったんだ！」と、お客さまが感情的になっている状態では、どんな説明も提案も受け入れてはもらえません。言い

「態度が気に入らない」と言われたら
「お気を悪くされたのであれば、誠に申し訳ございません。
今後あらためますので、ご指導ください」
と冷静に対応しよう。
感情的にならないようにする。

訳に聞こえて、お客さまがさらにお怒りを深めるだけです。

クレームの解決に向けて話を進めるのは、お客さまが冷静になり、応対者とお客さまとの間にそれなりの人間関係（信頼関係）ができたあとです。

話の間に少しずつ主張を入れていく

3分間、お客さまの話を聞いたら、少しずつ「ジャブ」を打っていくのも、上手な応対方法の一つです。

「ジャブ」とは、事実やこちら側の主張を少しずつ伝えることです。それでお客さまはまた怒り出すかもしれませんが、それにめげず、何度も「ジャブ」を繰り出します。

そうこうするうちに、お客さまの頭の中に、事実やこちらの主張が入っていきます。それがお客さまの納得を生んで、解決策の話し合いに入りやすくなるのです。

お電話での応対で、それでもお怒りがおさまらない場合には、お客さまと冷静に話をするために、後日、直接お会いして話をうかがいます。

激しい口調で怒っているお客さまへの対応は

対応のポイント

- こちらの意見を伝える前に、とにかくお客さまに話していただく
- お客さまの話を聞きながら、お客さまの言いたいことや要望を、復唱やメモで整理し、対応を考える
- お客さまが落ち着いたところで、説明・対応を行う（興奮状態にある間は、こちら側の話は否定的にしか受け取っていただけない）

お客さまが激しくお怒りになっていると
こちらも大変あせるが、
ひと呼吸を置き、冷静に対応！

怒られても
少しずつ
事実やこちらの主張を
伝えていく
（「ジャブ」を打つ）

このパートでわかること

➔ 3分間、話を聞いてから、少しずつ「ジャブ」を

15 「下っ端じゃ話にならない」と言われたら

●事例● 応対者が相手にしてもらえないケース

書類上の手続きミスがあった場合などに、窓口で住民の方から激しく苦情を言われることや、苦情のお電話を頂戴することがあります。私が応対するなり、「職員が女じゃ話にならない。男を呼べ」「下っ端じゃダメだ。上司に代われ」と言われて、まったく話をしていただけないときもあります。こうした場合には、「仕事は責任をもってやっております」「上司より私のほうが実務にかかわっておりますので、くわしいお話ができると思います」などとお答えし、相手に安心して話をしていただけるように努めていますが、それでもダメなことがしばしばあります〈自治体〉。

メモを取るときの注意点（その１）

①小さなことでも正確に記録する
②日時・原因を必ず聞く
③お客さまへの質問は簡潔に
（お客さまが答えやすいようにする）

「熱意」「プロ感」を出して対応する

性別や年齢に関係なく、自分が責任をもって仕事をしていることを伝えることは大切です。ただ、言葉で伝えるだけでは十分ではありません。態度、表情、口調などを総動員して、仕事に対する熱意やプロ感が前面に出る対応を心がけましょう。

今回の事例では、この点が十分なのかが気になります。

鏡を見ながら話してみる、応対を録音して自分の声を聞いてみるなど、自分の応対方法をもう一度客観的に確認しましょう。目線が泳いでいたり、オドオドした表情をしていては、頼りない印象を与えます。仕事に対する「熱意」「プロ感」が出ているかを把握すべきです。

上位者に代わることも考え、メモを取る

明らかにこちらがミスをし、お客さまが強硬に上司に代わることを要求されるなど、やむを得ない場合は上位者に対応してもらいます。

電話でのクレームの場合には、折り返し、上司から電話をさせる旨を伝えた

メモを取るときの注意点（その２）

①その場で感じたことも記録する
②お客さまの「生の言葉」も記録する
③メモを取ったらなるべく早く、お聞きした内容を整理しておく

上で、お客さまにクレームとなった事柄をお聞かせいただくように求めましょう。また、この際には、「言った、言わない」の水かけ論にならないためにも、相手の話を復唱しながら、しっかりとメモを取ってください。

上司には、そのメモを見せながら事情を説明し、折り返しお客さまに電話してもらいます。

対面応対でメモを取る場合には、お客さまに対して、最初に、「メモを取りながら、お話をおうかがいしてもよろしいでしょうか」と許可を取りましょう。いきなりメモを取り始めると、失礼に感じる方もいらっしゃいます。

そして、あとから読んでわかるように丁寧にメモを取り、お客さまに対して「きちんと話を聞いている」という姿勢を見せましょう。こうした姿勢にお客さまは、「この人はきちんと自分の話を聞いてくれている」と感じますので、それだけで怒りをおさめてくださる場合もあります。

また、クレームの核心部分については、メモの文章をご覧いただき、お客さまと問題を共有しましょう。

お客さまに信頼してもらえないときは？

**性別や年齢に関係なく、
責任をもって働いている
ことを、お客さまに伝える**

それがお客さまに伝わらない場合……

**仕事に対する「熱意」「プロ感」が
出ているかを
確認する**

✓言葉だけでなく、態度、表情、口調もチェック！

- □ 相手の目を見て話せているか
- □ はっきりしっかり話せているか
- □ 身だしなみがよいか
- □ 業務知識があるか
- □ 素早い対応ができているか

➡上司・同僚にもチェックしてもらおう

このパートでわかること
➔「熱意」「プロ感」が出ているかをチェック

16 正当性の主張が激しい方からクレームを受けたら

●事例● 特許情報の開示を要求されたケース

お客さまから、自社開発商品の特許情報についてお問い合わせがありました。その情報は外部に開示できるものではないため、丁重にお詫びをしてお断りしました。しかし、「コールセンターはお客からの問い合わせに答えるのが仕事だろ。特許の分にもお金を払っているんだから、聞く権利がある」と主張し続けていらっしゃいます〈メーカーのコールセンター〉。

「クレーマー」という言葉を使って身構えない

「クレーマー」や「モンスタークレーマー」という言葉を耳にすることがよくあります。しかし、激しくクレームを申し立てている方を、これらの言葉でひ

事業への非難・指摘を受けたら
主観的な内容については
まずお気持ちを受け止めたことを伝える。
過度に反応せず
お客さまに対抗することを避ける。

とくくりにして身構えてしまうと、お客さまのご事情・ご要望が踏まえられず、お客さまに納得していただける対応が取れなくなります。

　こちらが「不当な要求」だと思えるものでも、本当に不当かどうかはお客さまにくわしく話をお聞きするまでわかりません。クレームに対しては、あくまで冷静に手順通りに対応していきます。

3枚のフィルターをかけて判断

　非常に激しいクレームを申し立てられる方は、正当性の主張がきわめて強いのが特徴です。対応の基本は、お客さまの要求・ご要望の正当性をどう見分けていくかがポイントになります。

　実際のクレーム対応では、3枚のフィルターをかけて考えていきます。そのフィルターとは、クレームをおっしゃっている方の話の内容が、

- **1枚目…法にかなっているか**
- **2枚目…理にかなっているか**
- **3枚目…情にかなっているか**

座り方のテクニック

正面に座るより、横に座ったり
斜め横に座るぐらいが
お客さまとの関係を築きやすくなる。
ただ、いきなり横に座ると、失礼と感じる方も
いるので、ケースバイケースで。

です。3枚のすべてのフィルターから漏れてしまうものは、対応のしようがありません。「いたしかねます」という対応になります。

「情」の部分から対応していく

ただし、クレーム対応は、3枚目のフィルター「情にかなっているか」から行います。自分が「人」として、相手の主張がわかるかどうかのフィルターにかけるのです。

とくに、法律にもとづいて仕事をする自治体職員の方などに多いのが、クレームに対して、すぐに「理」や「法」で返してしまうこと。「その理屈はおかしい」「法律に照らし合わせて、間違っている」などです。

しかし、「情」に対していきなり「理」や「法」で返すと、話がこじれてしまいがちです。「情」に対しては「情」で応えるほうが、状況が好転するケースが多いといえます。

「情」の部分で対応したら、お客さまの話の内容が、「理」にかなっているか、最終的には、「法」にかなっているかで対応します。

正当性の主張が激しい方へのクレーム対応

法にかなっているか
「法律に照らし合わせて、正しいか?」

判断の流れ ↓ / 対応の流れ ↑

理にかなっているか
「自組織の立場を超えて、他人から見ても、そう思うだろうか?」

判断の流れ ↓ / 対応の流れ ↑

情にかなっているか
「自分がお客さまの立場であっても、そう思うか?」

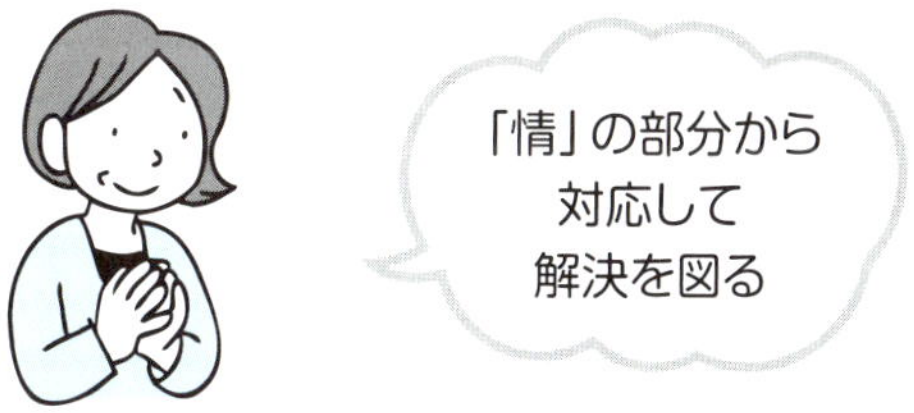

このパートでわかること
➡ 法・理・情のフィルターにかけて判断・対応する

17 「訴えてやる」「法的手段に出る」と言われたら

●事例● 名誉毀損《きそん》で訴えると言われたケース

市役所に戸籍謄本《とうほん》を受け取りに来た50代くらいの男性がいらっしゃいました。しかし、ご本人でなかったため、「代理人の方に戸籍謄本を発行する際は、委任状が必要です。ご本人との関係がわからないため、お出しできません」と窓口でお伝えしたところ、「俺のことを怪しい人間だと思っているのか。名誉毀損で訴えてやる!!」とお怒りになられました〈自治体〉。

まずはお客さまの言い分と事情を聞く

このケースでは、お客さまが事前に電話でお問い合わせをした上で足を運ばれたにもかかわらず、戸籍謄本を受け取ることができなかったという経緯があ

お客さまが「訴えてやる」と激昂したときの対応法

「訴えてやる」 ＝ すごく怒っている

怒りを解くために…

お客さまの事情と心情の理解に力を尽くす

↓

こちらのスタンス

冷静になる

うろたえない

事情をよく聞く

とことん事情を聞くこと。
クレームには理由がある

してはいけない「目つき」

険しい目つきや眉間のしわは印象が悪い。
キョトキョト・オドオドした視線は
「上司を出せ」につながりやすい。
お客さまと要所要所で視線を合わせよう
（ただし、10秒以上のアイコンタクトはしない）。

り、激しいクレームとなりました。
「訴えてやる」ということの真意は、「すごく怒っている」という意味です。よって、冷静になってお客さまの言い分をよく聞きましょう。お客さまの事情・心情理解に力を尽くします。

応対者のスタンスは、うろたえないこと、話をよく聞くことです。冷静に、かつ真剣に話を聞きましょう。

「悪意のクレーム」なら、妥協しない

もっとも、「悪意のクレーム」であれば、対応はまったく異なります。

悪意のクレームとは、常習であったり、難癖をつけたり、暴力をともなったりする場合などです。そういったケースでは、原理原則で回答するのが適切です。誠意を尽くした上で、妥協せず対応する必要があります。その場しのぎの対応をしてはいけません。

また、どうしても無理なことや受け入れられないことは、お客さまの気持ちに配慮しながらも、きっぱりと断る勇気が必要です。

悪意のクレームへの対応は

その場しのぎの対応はしない

- きっぱりと断る勇気をもつ
- すぐに返答できない事柄には日をあらためて回答する
- 書類作成、署名・捺印《なついん》は避ける
（書面は求められても出さない）

原理原則で対応

「お客さまのご希望に沿いたいのはやまやまですが、法律で決まっていることですので、どうしようもありません。それでも訴えられるとおっしゃるのなら、いたし方ございません」

このパートでわかること
➔ 話を十分に聞くのが基本。悪意があるものなら妥協しない

18 「社長を出せ！」一点張りのクレームを受けたら

●事例● 配達の遅れから大クレームに

お客さまから、「料理の配達が遅い。宴会の時間に間に合わない！」とのクレームの電話が入りました。お客さまからのお電話が雑音まじりで聞き取りにくく、何度もお客さまの名前の確認をしたことが、怒りの炎に油を注いでしまいました。お客さまに何度も謝罪し、お届け先をお聞きしましたが、「おまえではダメだ。社長に代われ。社長に直接文句を言いたい」の一点張りです。「もう2回も名前は言った。聞き取れないおまえが悪い」とお名前も教えていただけません。その後、なんとかお名前を聞き出すことができ、料理を配達しましたが、「こんなに遅れたのだからタダにしろ」とおっしゃり、代金はいただけませんでした〈ケータリング業〉。

通常時以上に落ち着いて事実確認を

このような場合には、通常時以上に落ち着いて事実確認をします。叱られても、叱られても、ボクシングでジャブを打つように、いろいろな角度から尋ねましょう。

「大変申し訳ございません。お客さまと同じお名前の方がたくさんいらっしゃいますもので」

「ご住所だけでも教えていただけませんか」

「弊社の営業担当は誰でしょうか」

など、いろいろな聞き方をしてみます。

どんなにお客さまがお怒りのケースであっても、事実確認は通常業務の方法、ルールにのっとってじっくり行います。

クレーム対応の事実確認のポイントは、

①**誰が（Who）**
②**いつ（When）**
③**どこで（Where）**

イスをおすすめするときは？

○「どうぞおかけください」
×「どうぞお座りください」
⇒「お座りください」と言うと
笑い話ではなく、「俺は犬じゃない」と
お怒りになる方も。

適度な「間」を取ろう

冷静に話を聞いてほしいときや
理解してほしいというときは
大事な話の「前後」に「間」を取る。
会話の区切りなどでも
効果的に「間」を取るとよい。

④何があったのか（What's happened）
⑤何をしてほしいのか（What do you want to do）
の5つです。

一定時間対応したら上位者にバトンタッチ

「社長を出せ」的な発言があるときは、一定時間（10～30分）、一人の担当者が対応したら、上司や別の担当者に交代していきます。その際は、お客さまに同じことを何度もうかがわないよう、メモをきちんと取って内容を引き継ぎ、次の担当者に渡すようにします。

その過程で、お客さまに「上司にまで対応してもらった」と、一種の達成感を味わっていただきます。担当者から係長、係長から課長と連携していくと、だいたい課長ぐらいのところで、ご納得いただけるものです。

また、最初の担当者との間で発生した感情のもつれもあわせて解決します。このようにしながら、お客さまにだんだん冷静さを取り戻していただきましょう。

「何がなんでも社長を出せ」と言われたときの対応

担当者が代わるごとに
感情のもつれも解消していただく

注 内容の引き継ぎを必ず行うこと

このパートでわかること

➔ 上位者に交代して怒りをしずめていただく

19 要求がころころ変わるクレームを受けたら

●事例●「してほしい」「するな」と要求が変わったケース

当社では年に1度、工場近辺の草刈りをしていて、地域住民参加型の恒例行事となっています。ところが、「私の家の前だけ草が刈られていない。お宅の会社は住民を差別しているのか！」とのお電話がありました。上司と相談し、あらためて草刈りをする旨をお伝えすると、「もう一度草刈りをしろなどとわがままなことは言っていない！　別の日に草刈りをさせたことがご近所にばれて、関係が悪くなったらどうしてくれる！」と、こちらの非常識さを延々非難されます。そのため草刈りは実施しませんでしたが、再び草刈りをしてほしいとのご要望があり、草刈りに出向くと、「そんなことは言っていない！　帰れ」と怒られました〈製造業〉。

クレームには組織で応える

①責任感をもって仕事をするのは当然
②ただし、お客さまからのご要望には「組織」としてきちんと応えるべき
③自分で応えられなければ上司に相談
④どんな場合でも必ず回答は見つかる

電話や訪問でも話が進まない場合、書面での対応を考える

このケースは、対応する側にとっては、非常に苦しいケースです。たび重なると、日常業務にも差し障ります。まず、当方としては誠意を尽くしていることを、きちんとお伝えします。

今回のように、相手のクレームが二転三転するような場合は、書面での対応も有効です。具体的には、以下の要素が入った文面を作成します。

①お礼
②お詫び
③電話での経緯（お客さまのご要望、当方の対応策）
④対応策としての次回訪問予定日時・訪問人数・作業時間など

文書でのクレーム対応は誤解されることが多く、その書面を盾に取って抗議を受けることもあるので、普通のケースでは、おすすめできません。しかし、このようなケースでは、「口頭で対応したあとの確認」という書面対応は有効です。

要求がころころ変わるお客さまへの対応法

**相手の態度がどうであれ
誠意をはっきりとお伝えする**

↓

**電話や訪問だけでなく
書面での対応も**

↓

【書面の内容】

❶お礼

❷お詫び

❸電話での経緯
（お客さまのご要望、当方の対応策）

❹対応策としての次回訪問予定日・訪問人数・作業時間など

書面によるクレーム対応の例

平成○年○月○日

○○○○様

□□□□株式会社
総務部総務課長
○○○○

○○様宅前面の草刈り再実施について

①お礼

謹啓　△△の候、○○様におかれましては益々ご健勝のこととお慶び申し上げます。また、日頃は弊社事業および地域活動についてご理解とご協力を賜り、厚く御礼申し上げます。

②お詫び

さて、○月○日に弊社の地域貢献活動の一環として行いました草刈りにおいて、○○様宅前面の草刈りが十分になされなかったとのご指摘をいただきました。○○様には多大なるご心労をおかけし、心よりお詫び申し上げます。

③経緯

この件につきましては、弊社において○○様宅前面の草刈りを再実施させていただく旨、○月○日にお電話をいたしました。その折には、近隣の方とのご関係を理由に、実施をお断りされました。

その後の経過をお示しいたします。

○月○日　草刈りを再度実施するよう○○様よりお電話あり。
○月○日　弊社社員が草刈りのためご訪問。前回同様、近隣とのご関係を理由にお断りされる。

④対応策

つきましては、弊社でも○○様のご意向を重く受け止め、○○様宅前の交通量が比較的少ないと思われる時間帯と、作業時間短縮のため十分な人数で再実施させていただくことをお願い申し上げます。なお、作業の際に弊社の作業着は着用いたしません。

弊社の勝手を申し上げて誠に申し訳ございませんが、下記の日程のうち、○○様のご都合のよい日をご指定いただければ幸いに存じます。

1.○月○日　○時から○時まで　訪問予定人数○人
2.○月○日　○時から○時まで　訪問予定人数○人

○○様には度重なるお手数をおかけし誠に申し訳ございませんが、何卒ご高配を賜りますよう伏してお願い申し上げます。　敬白

このパートでわかること

➔ 口頭で念押ししたあと、確認の意味で書面を送る

コラム3　自社の管轄外のことでクレームを受けたら、こう対応する

ほかの会社や部署など、管轄外のクレームを受けた場合であっても、お客さまが納得されるまで、話をさえぎらずに苦情の内容を聞くことが望ましい対応です。お客さまは何らかの不都合を感じて苦情をおっしゃっているのですから、まずお客さまのご事情に共感を示します。

ただ、管轄外のクレームであるため、お客さまからの要求に対してすぐに応じることはできません。そうであっても、「自組織のことではない」とはせず、即座に対応する姿勢を示すことで、お客さまによい印象をもっていただけます。

【管轄外のクレームへの対応のポイント】

①当方に責任がなくても、お客さまが納得するまで話を聞く

②管轄外だからといってお客さまの話をさえぎらず、共感を示す

③関係会社・関係部署に連絡し、協力して対応する

④迅速な対応を心がける

第4章

金銭目的・悪質なクレームなどへの対応

20 ネット上で影響力をもつとおっしゃるお客さまからクレームを受けたら

●事例● **商品交換に応じられないことをご納得いただけないケース**

当店でドライヤーを購入されたお客さまから、電源が入らないので交換してほしいとお電話がありました。お話をうかがったところ、補償期間を1カ月すぎていました。そのため交換がむずかしいとお伝えすると、「不良品を売りつけておいて何なの？　それがこの店の対応なんですね。ネットに投稿させてもらいます。私のフォロワーは数千人いますので」と言われました〈家電量販店〉。

動じずに、まずお客さまのご不便解消を優先する

最近は、ネット上で自身が影響力をもつことを示す方からのクレームもあり

電話が長引く場合の対応

たらい回しは厳禁だが、
一定時間（10～20分）を経過しても
終了しそうにない場合は、
上司もしくは先輩・同僚に代わることで
より早く解決につなげられる場合がある。

ます。このようなケースでは、応対者は自分が会社のイメージをダウンさせる原因になってしまうかもしれないと強い恐怖を感じるものです。

しかし現在、内容にもよりますが、ネット上の情報を額面通りに受け取る人はそんなに多くありません。必要以上に怯える必要はないのです。

こうしたケースでは、あくまで「お客さまのご不便を解消する」ことを優先し、対応しましょう。

まず、お困りの状況に同情しつつ、修理にかかる期間や金額をご説明します。必要なら修理までに代替機の貸し出しを提案するなど、お客さまのご不便を解消するために最大限のことをしましょう。

お客さまの「具体的な要望」をお尋ねする

お客さまが「誠意を見せろ」「どう補償するつもりだ」など、あいまいな主張を繰り返す場合は、

「お客さまがお考えの誠意とは何かを、具体的にお聞かせいただけますか？」

と質問し、お客さまから要望を言っていただけるように促します。

毅然と勇気をもって対応する

「こんなことを言ったら怒られるのでは」と思うのではなく、冷静かつ誠意をもってお客さまの話を聞き、率直に話すと「この人に無理を言っても無駄だ」と思っていただける。

こうしたお客さまは、「簡単にはできない」ことを知っています。しかし、「できることなら得をしたい」という思いが少しはあるものです。また、そうした意図を悟られないよう、八つ当たりをする方もいます。

不当な要求をのむことはできません。応対者が聞き役に徹し、お客さまに話すだけ話していただき、解決策をともに考えるようにする姿勢が重要です。

また、あとから「言った、言わない」の水かけ論にならないよう、忘れないうちに会話内容を必ず書き留めます。さらに、「会話をなるべく録音する」「一人で対応しない」といった対策も講じましょう。

法外な要求には、専門の部門で対応する

お客さまから、法外な金銭や代替案以上の補償を暗に要求された場合には、「当店のしかるべき部門が対応いたします」などと返答し、いったん終話させます。金額交渉などをこちらからうかつにしてはいけません。

暴力的・脅迫的な発言や行動が目立つ場合は、迷わず警察に相談しましょう（104ページ参照）。

ネット上に影響力をもつお客さまからのクレーム対応

ネットに投稿する!
数千人のフォロワーが
いる!
お客さま
応対者

ポイント①

言葉に動じない

萎縮せずに、お客さまのご不便を解消するために何ができるかを検討する

ポイント②

「具体的に、どうすればご納得いただけるか」を尋ねる

あいまいな主張を繰り返す場合は、具体的な要望を言ってもらうように促す

注意点

❶ 法外な補償の要求に対しては絶対にこちらから提案をしない!

❷ 会話を記録する

このパートでわかること

➔ 動じず、「お客さまの不便を解消する」に注力する

21 軟禁状態で署名をしてしまったら

事例 軟禁され「迷惑料」を払う念書に署名してしまったケース

営業活動中に、誤って暴力団関係者らしき人物の敷地内に足を踏み入れてしまいました。あわてて立ち去ろうとしたのですが見つかり、家の中で数人に取り囲まれました。その後しばらくして解放されたのですが、「不法侵入をしたお詫びに迷惑料を支払う」という念書を書かされてしまいました。今後どうしたらよいかわかりません〈金融機関〉。

身の安全を優先する

このケースのように、一種の軟禁状態になってしまった場合、まずは安全に解放されることを優先します。相手を刺激せず丁重にお詫びを申し上げ、退出

署名・捺印は避ける

相手側から要求されてむやみに書類を
作成したり、署名・捺印することは避ける。
どんなことを言われてもうろたえず
挑発などに乗らないようにする。

を願い出てください。

パニックになってしまうと、相手はそれを逆手に取り、いっそう厳しい態度を見せます。何を言われても冷静さを失わず、挑発などに乗らないよう気をつけてください。

多くの場合、このような相手はこちらが冷静に対応すれば手を上げてきません。相手は、暴力行為が犯罪に問われる可能性があることを認識しているためです。

事件が起きたその日のうちに警察に相談する

原則として安易な約束、不用意な署名をしてはいけません。「もち帰って検討します」「上司の判断が必要です」といった回答をします。もし署名をした場合は、相手の人数や言動、服装、場所の広さなど、覚えている限りの状況を記録に残しておきましょう。

無事解放されたあとは、上司に報告し、その日のうちに警察に相談しましょう。

会話は、なるべく録音を残しておく

「社の方針で、お客さまとの会話は
録音させていただいています。
こちらが誤ってご要望を解釈しないためです」
などと告げ、
なるべく証拠を残すようにする。

軟禁されることは予想できないことですし、テレビドラマや映画のように窓から脱出なんてことも現実にはなかなかできません。そのため、軟禁されているいまの状況を職場の誰かに気づいてもらうのが一番現実的です。

日ごろから、直属の上司、同僚に「何時に、何の目的で、誰のところに行く」ということを伝えてから外出することを習慣にしましょう。

こうすることで、職場の人たちに異変に気づいてもらいやすくなります。

危険性が高いときは最低でも3名で訪問

クレームへの事情説明やお詫びなどの訪問で、最初から危険性が想定される場合には、複数人数、最低でも3名で訪問し、原則、玄関でお話をします。

室内で話す必要があれば、うち1名は外で待機させておきます。

その際、事前に携帯電話での呼び出し方など、異変が起きたことがわかる「サイン」を決めておくと安心です。

万一、危険が迫っている場合は、迷うことなく、その場から逃げることを最優先にして行動しましょう。

軟禁状態になったときの対応のポイント

身の安全を優先する

- まずは自分が無事に解放されることを
優先させる

安易な約束、不用意な署名はしない

- 毅然とした態度で、「もち帰って検討」
「上司の判断が必要」と回答する

何をされたか、何を言われたかを
しっかり記録に残しておく

- 相手の人数や言動、服装、場所の広さなど、
覚えている限りの状況を記録しておく

事件が起きたその日のうちに
警察に相談する

- 上司に報告したら、
すぐに警察に相談しに行く

このパートでわかること

➔ 何があったか記録を残し、上司・警察に相談

22 警察へ相談するときのポイント

犯罪行為があったときは、警察に届け出る

金銭的な要求や悪意のあるクレームがあった場合、解決を早めようとして相手の要求に安易に応じてしまうと、何度も同じような要求をつきつけられるおそれがあります。

自分だけで判断せず、上司や法務担当部署と相談し、速やかに警察に相談するようにしましょう。

たとえば、殴られるといった暴力行為はもちろん、胸ぐらをつかまれた場合も暴行罪で現行犯逮捕が可能です。

大声を出して暴れるなど、通常の業務ができない状態は、威力業務妨害にあたります。器物破損なども犯罪行為です。

大きな声で怖くて対応できないときは

「大きな声が怖くて対応できません」
「私にはもう対応できません」
と言って
白旗を上げてしまうのも手。
怒りのボルテージが下がる場合がある。

また、威嚇行為や暴言などが連日のように繰り返され、状況によっては応対者側が心的ストレス（トラウマ）を負う場合は、傷害罪が適用される可能性があります。

このように、クレームがエスカレートして犯罪行為が生じた際には、速やかに警察に相談してください。

「こちらにも落ち度があり、警察沙汰にするのはちょっと……」と表面化することをおそれて、内々に留めて置くケースがしばしば見受けられます。

しかし、そうしてしまうと、問題が長期化・深刻化します。結果的にさまざまな面で不利益が発生することになりかねません。

「問題」は、放置するより、きちんと解決しておくことが重要なのです。

警察に届ける際は、証拠をまとめる

明らかに刑法や特別刑法に抵触する行為が行われたなど、警察に届け出るときは、「いつ・どこで・どのような」問題が発生したかを、事前に整理しておきましょう。

防犯相談はマメに！

トラブルが想定されるときは
普段から警察とコミュニケーションを
取っておき、いざというときに
相談できる関係を築いておく。

器物破損など目に見える証拠がある場合は、警察にもっていきます。運び出せない物の場合は、写真を撮影して提出します。

PTSD（心的外傷後ストレス障害）と診断されたなど、はっきりした証拠を示せないケースでも、業務日誌、個人の日記やメモ、診断書を提出することによって、傷害罪に問える場合があります。

警察から有効なアドバイスをもらう

もし犯罪に該当する行為がなかったとしても、警察に相談することで、解決につながる有効なアドバイスをもらえることがあります。

実際、ストーカー被害など弱者に対するものや、重大な事件に発展するおそれのあるものなどは、具体的な犯罪行為が起こる前であっても、優先的に対処してくれるケースもあります。

クレームがこじれて問題がさらに発展しそうなときは、具体的な犯罪行為が生じていない場合であっても、ためらわずに警察へ相談に行きましょう。

金銭的な要求や悪質なクレームへの対応

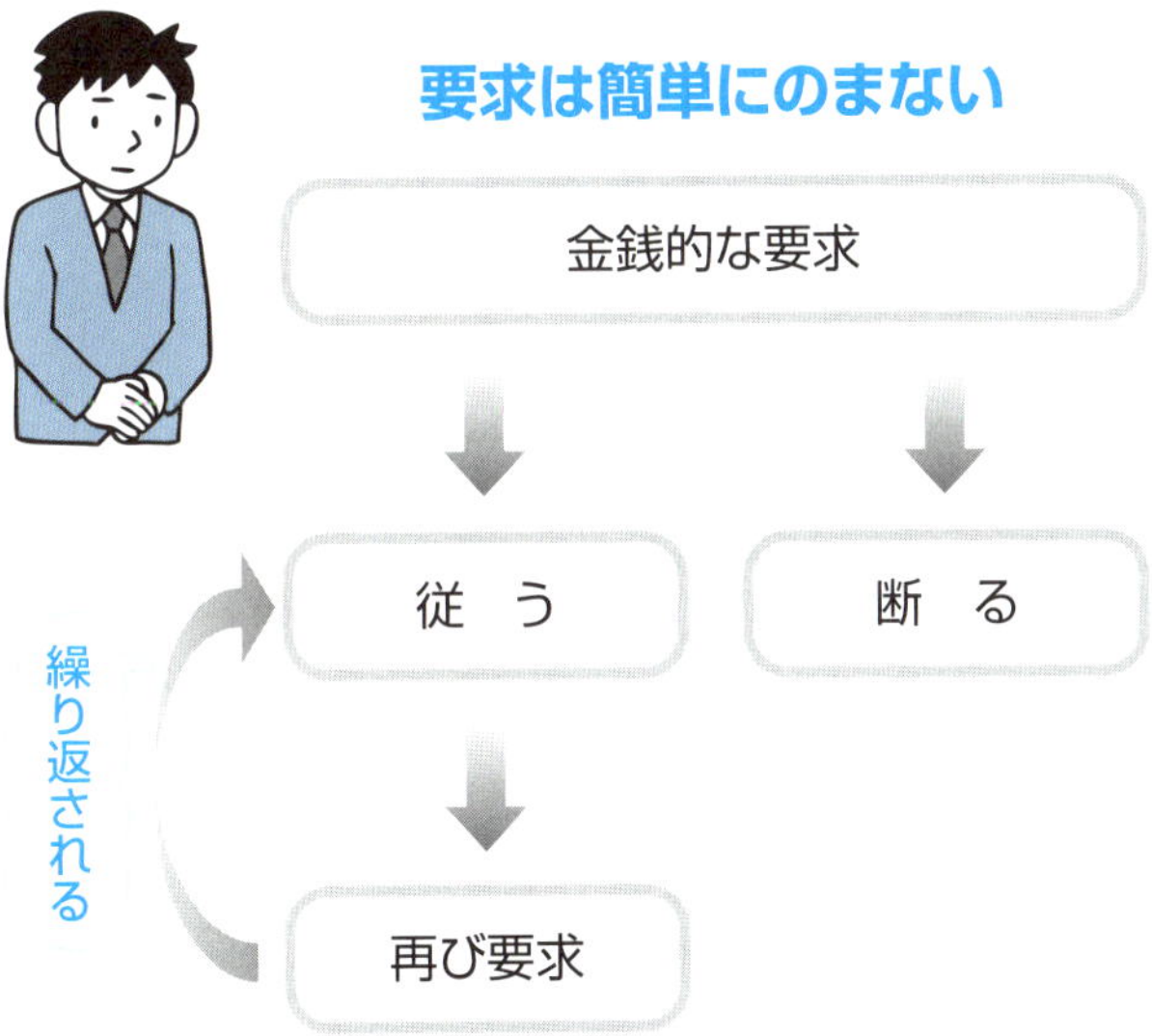

金銭的な要求があったら

上司や法務担当部署と相談

恐喝まがいの態度を取ってきたら

警察に相談

このパートでわかること

➔ 問題を整理し警察に届け出る。できれば証拠も提出する

コラム4 クレーム対策会議を開いて クレームを減らそう

トラブルやクレーム情報は、ある意味、失敗の情報でもあり、同じ職場でもなかなか共有されない性質があります。

そこで、即効性のある対策として、月１回、１時間程度の職場内クレーム対策会議を開きます。会議の目的は３つで、次の①～③の順序で進めていきます。

①クレーム情報の共有
②改善策の検討
③クレーム対応のスキル強化
（ロールプレイング：136ページ参照）

会議では、各自が過去1カ月間で自分が対応したクレームについて、その対応策、顛末《てんまつ》も含めて発表し、情報を共有します。

手に汗握るクレーム対応が発表されるわけですから、それだけで、マニュアルを読むより、クレーム対応技術の向上につながります。

当然ながら、クレームに関しては、漏らさず記録を取っておくようにし、書面をもとに発表します。

その後、改善策を検討し、クレーム対応のロールプレイングを行います。

第5章

クレーム対応に組織で取り組む

23 クレーム対応が遅れ「二次クレーム」が生じたら

●事例● **電話連絡が遅れてクレームに**

「頼んだのと違う商品が送られてきた」とお客さまから電話が入りました。その商品の担当者が不在だったので、「のちほどすぐにお電話を差し上げます」と申し上げて電話を切りました。1時間後、「担当者からの連絡がない！」とお客さまが激怒して電話をかけてこられました〈通販会社〉。

誠心誠意、謝罪したあと経緯を説明

このケースのように、お客さまからのクレームへの対応が遅れると、必ず、二次クレームが発生してしまいます。こうなった以上、お客さまに対する誠意を込めた謝罪が最優先です。余計な言い訳はつつしみましょう。

「お待たせして誠に申し訳ございません」

と、心を込めて申し上げ、

「○○の状況にあり、お電話を差し上げることができませんでした」

と、なぜこのような事態になったのかを説明します。お客さまに対応の経緯を伝えることは、謝罪のあとにすべきです。

「すぐに」と言ったら、5分以上お待たせしない

クレームを申し立てたお客さまはずっと電話をお待ちになっています。電話の折り返しに5分以上待たされると、「遅い」と感じてしまいます。

担当者が不在であった場合や、対応ができなかった場合には、いったん5分以内にお電話し、現在の状況をお知らせするのが適切です。

クレームにかかわらず、お客さまの時間感覚は、おおよそ次のように感じられます。この時間以内に対応すべきです。

- **「すぐに」「ただちに」＝5分以内**
- **「のちほど」＝30分以内**

二次クレーム後の対応は？

誠心誠意、謝罪したあと
お約束したことを
確実かつ迅速に実施すること。
対応は他人任せにしない。

こまめなご連絡を心がける

謝罪後の迅速な行動とともに
お客さまにこまめなご連絡を
するように心がける。
途中経過についても、きちんと
お客さまにお知らせする。

● 「後日」＝2日（48時間）以内

「あとで」「すぐに」という表現は人によって長さの感じ方が違います。お客さまにお電話をかけ直す際には、誤解を避けるために、

「○分後におかけ直しいたします」
「○日後にご連絡させていただきます」

など、対応にかかる時間を具体的にお伝えすべきです。

迅速に対応して二次クレームを避ける

対応の遅れは「お客さま軽視」「クレーム軽視」を表します。お客さまからのクレームを聞きっぱなしにしていると、二次クレームに発展します。

対応が迅速であるほど、お客さまは誠意を感じるものです。クレームをさらに大きくしないためにも、クレーム対応は自部署の最優先事項とすべきです。

また、電話での対応に限らず、クレームが起こったらすぐに現場に駆けつけることも検討しましょう。

対応にかかる時間は具体的に伝える

お客さまの感覚

- 「あとで」「すぐに」などの表現は、人によってとらえ方がまちまち
- 5分以上経過すると「対応が遅い」と感じる
- 電話の前で待つのは、少しの時間でも苦痛

「すぐに」「ただちに」……… 5分以内
「のちほど」…………………30分以内
「後日」………………………… 2日以内

ポイント

誤解を避けるために、時間はできるだけ具体的にお伝えする

このパートでわかること

➔ 誠心誠意、謝罪することを最優先にし、そのあと経緯を説明

24

一定時間対応したら連携プレーで解決しよう

20～30分を目安にバトンタッチ

クレームを受けたら、できる範囲の対応は自分で行い、安易に上司や先輩に丸投げしたり、バトンタッチしないようにしましょう。クレーム対応をうまくこなすと、それが自分の自信になり、成長にもつながります。

ただし、自分である程度対応しても、一向に解決の糸口が見いだせない場合は、上司や経験豊富な人に交代します。

交代の目安は会社や仕事内容によっても違いますが、20～30分ほど対応してもダメな場合は代わるというように、時間を基準にするとよいでしょう。あるいは、クレームの内容で代わる場合もあります。

業務知識もあり経験豊富な人が対応するとお客さまも安心ですし、時間コス

クレーム確認のための5W

①誰が（Who）、②いつ（When）
③どこで（Where）
④何があったのか（What's happened）
⑤何をしてほしいのか
（What do you want to do）


トの節約にもなります。

　また、立場が上の社員に代わることで、

「立場が上の人がお詫びしてくれた」

「ベテランの人に言ってダメなら、本当にどうしようもないようだ」

「少しでも力のある人に言うことができた。しかたない。あきらめよう」

と、お客さまにクレームをおさめる「理由」が生まれ、怒りをしずめていただけることもあります。

二次応対者に「引き継ぎメモ」を渡す

　クレームをほかの人に引き継ぐ際は、お客さまからのクレームの内容をメモに残して二次応対者に渡し、お客さまに二度、三度と同じことを聞くことがないようにしましょう。二次応対者が同じことを聞いたら、

「何度同じことを言わせるんだ！」

ということになり、クレームが大きくなってしまいます。

　二次応対者は、一次応対者とお客さまとのやり取りを聞きながら、引き継ぎ

応援を頼むときの合図を決めておく

周りに応援を頼みたいときの
合図を決めておくのもよい手。
クレームの電話が入ったとき、
参照したい資料がある場合には
手を挙げるなどの合図をする。

メモを読み込んでおきます。それでもクレームの内容がよくわからなければ、一次応対者に短時間で事情を聞いた上で、対応を代わるようにします。

対応で困っている人をバックアップする

ほかの人がクレーム対応をしているときには、「私じゃなくてよかった」と他人事のように思ってはいけません。クレームは特定の個人に向けられたものではなく、会社全体に向けられたものであり、誰もが会社の一員として無関係ではありません。

クレーム対応で困っている人がいたら、周りでも資料を用意したり、クレームの類例を調べたりするなど、積極的に協力することが必要です。クレーム応対者を孤立させないようにしましょう。

クレームを一人に押しつけると、当事者がクレームを一身に背負い込んで、精神的に追い込まれたり、モラルダウンを引き起こしたりして、ほかの仕事に支障が出ることもあります。最近、「心」の問題が深刻化しています。メンタル面への影響にも十分に配慮しましょう。

個人ではなく組織全体で対応する

応対者の周囲の人の感情
このクレームを受けているのが自分じゃなくてよかった
応対者の感情
そんなこと言われたってオレのせいじゃないっ!
クレーム

クレームは応対者に向けられたものではなく、
企業・組織に向けられたものと考える

① まず自分で受ける！

↓

② 一定時間が経過しても解決しないときは、上司・先輩へ

- 二次応対者に「引き継ぎメモ」を渡す
- 周りは、対応で困っている人がいたら協力する

このパートでわかること

➔ クレーム内容は「引き継ぎメモ」で伝達し、周りもバックアップ

25 長期間、同じクレームを受け続けていたら

●事例● 1年間も対応し続けたケース

「以前修理した外壁から漏水《ろうすい》する」とのことで、あるお客さまから1年にわたって、雨が降るたびに過去の修理不具合に関するクレームが出されていました。担当者がいくら調査をしても、原因や被害の程度がはっきりしません。担当者は責任感の強いタイプで、お客さまの都合に合わせて、何度も深夜作業をした結果、「もう限界」と言い残して入院してしまいました〈工務店〉。

担当者レベルでがんばりすぎないこと

このケースでは、たび重なる夜間の訪問要求や急な呼び出しに対し、担当者が一人で最大限、誠意をもって対応していました。

クレームが長引きそうなときの対応は？

クレームが長引いている

↓ 担当者レベルでがんばりすぎない

❶ 上司に支援要請

↓ 周りも気づいてバックアップする

❷ 組織全体で情報共有

↓
- 情報の蓄積
- クレーム対策会議
- カルテ作成

❸ 早期の解決を目指す

カルテと対策会議でクレーム情報を共有

クレームの内容やその対応策を記した「カルテ」をつくり、情報を蓄積する。毎月1回、1時間のクレーム対策会議を定期的に開催することが効果的。クレーム情報を職場全体で共有する。

しかし、現場担当者の対応だけでは、限界がある場合もあります。あまりにも長期間に及ぶクレームには一人で対応しようとせず、上司などに支援要請することが必要です。同時に、周りも気づいて支援すべきです。

組織対応で徹底した調査とクレーム情報の共有を

住宅や家電など、耐久消費財の商品を扱う場合には、一定期間がたってからクレームを受けたり、クレーム期間が長引いたりするケースが多く見られます。クレームを長引かせないためにも、早期に調査を実施します。

クレームの原因はどこにあるのか、修理の必要性はあるのか、修理の責任はどこにあるのか、などをはっきりさせることが必要です。

その際は社内の専門家（場合によっては社外の専門家）を交え、原因究明を徹底して実施しましょう。

さらにクレームへの対応は、クレーム対策会議（108ページ参照）の中で、「ケーススタディー」として組織全体で共有すべきです。組織として同じ轍《てつ》は踏まないこと。長引くクレーム事例をつくらないことを目指しましょう。

クレームを長引かせないためには

徹底した原因究明を行う

なるほど、
ここにクレームの原因が
あるわけですね
社内(場合によっては社外)の
専門家を交えた調査、会議

- クレームの原因はどこにあるのか
- 修理の必要性はあるのか
- 修理の責任はどこにあるのか

このパートでわかること

➔ 組織対応で徹底的に調査し、解決を図る

コラム5　クレーム対策会議の効果は3カ月で出る

　クレーム対策会議の中でクレームの内容やその対策などの情報を共有することが、組織的な対応としてもっとも取り組みやすい方法の一つです。

　クレーム対策会議を行って3カ月もたつと、職場のクレーム対応スキルは相当上がってきます。1年も続ければ、組織でのクレームの全体像が見えてきます。

- **どのクレームの発生が一番多いか**
- **どのクレームの対応がむずかしいか**
- **どう対応すればご納得いただけるのか**

　など、クレームに関する重要な情報が、職場のメンバー共通の認識になります。

　その結果、クレーム対応スキルが向上し、製品や業務フローの改善もなされて、結果的にクレームを大幅に削減することが可能となるのです。

　加えて、クレーム件数を数えてみると、クレーム対策の効果を実感することができます。中には実際にクレーム対策会議を開催するようになってから、クレーム件数が10分の1に減った会社もあります。

ポイント

クレーム件数を数えること！

第6章

クレーム応対者のメンタルヘルスはこう守れ

26 クレームの隠れたリスクを認識する

●事例● 一人の担当者に負担がかかってしまったケース

当社の受注管理部門は、お客さまからのお問い合わせ総合窓口としてクレームに対応しています。A主任は、とてもまじめで、通常業務を忙しくこなすだけでなく、クレーム対応の主担当者として、一生懸命に取り組んでいます。お客さまの話に耳を傾ける姿勢が評価され、部門内でも、「クレーム対応なら、Aさんに任せておけば安心」という雰囲気でした。しかし1カ月前、突然Aさんはメンタル不調を訴え、休職してしまいました。現在、あらためて部門全体でクレームに対応していますが、全員でその大変さを痛感しています〈食品卸業〉。

「エスカレーション」とは

クレーム対応が難航する場合などに、
上席者に指示を仰ぎ、応対を交代してもらうこと。
「一定時間をすぎたら交代」
などのルールを定めると、
スムーズにエスカレーションができる。

「クレーム対応は高ストレスな仕事である」という認識をもつ

クレーム対応の応対者にかかるストレスはかなり高いものがあります。それは、心がクレームを自分に対する攻撃と感じてしまうからです。

クレーム対応の仕事をずっと続けることになったり、お客さまから対応がむずかしいクレームを受けて、その対応を完了するまで、たった一人で担当したりすると、その人はストレス過多に陥ってしまいます。

その結果、精神的に追い込まれ、健康状態が悪化し、最悪の場合には休職や退職に至るケースも少なくありません。

こうした事態が職場内で起こると、メンバーが欠けることによる仕事の遅れや、職場全体のモチベーション低下など、さまざまなデメリットが発生します。

そこで、組織全体で取り組むべきことはまず、「クレーム対応は、上手な人がやればよい」という意識を変えることです。

クレーム応対者のローテーション、エスカレーションフローを整える

先述した通り、クレームは、特定の個人にではなく、会社全体に向けられた

エスカレーションフローを構築するには

連携してクレーム対応するには、
情報共有が不可欠。
「どんな内容のクレームが発生したら」
「誰に」「どのような方法で連絡をするか」
を明らかにしよう。

ものです。誰もが会社の一員として無関係ではありません。応対者にだけ押しつけるのではなく、周りも積極的に協力し、バックアップしていくことが欠かせません。

そこで、クレーム対応の精神的負担を軽減するために、複数のメンバーでクレームに対応できる体制をつくっておく必要があります。

具体的には、クレーム応対者のローテーション、およびエスカレーション（別担当者や上位者へのバトンタッチ）のフローを確立させることが不可欠です。

そうした体制が整っていることで、クレーム応対者が孤立してしまうのを避けることができます。

さらに、組織に属する一人ひとりが、「クレーム対応は、重要だが高ストレスな仕事だ」と認識し、応対者への労いの気持ちを互いにもち、かつそれを伝えていくことも肝心です。

一人の応対者にストレスがかかりすぎてしまうと…

クレーム対応 → 重要だが高ストレスな仕事

一人に負荷がかかりすぎると…

- 労働意欲の低下
- 健康状態の悪化
- メンタル不調

結果として

職場全体のモチベーション低下

メンバーの休職・退職

の可能性もある

対策

- 組織全体で対応する仕組みをつくる
（ローテーション、エスカレーションフロー）
- 重要で大変な仕事に対する労いの気持ちをもつ・伝える

このパートでわかること

➔ クレーム応対者を孤立させず、複数のメンバーが支援する仕組みをつくる

27 クレーム対応でのストレスを軽くするコツ ―〈セルフケア〉

●事例● クレームを店舗改善に活かしているケース

店長のBさんはたびたびお客さまのクレーム対応をしています。販売スタッフの接客ミス、時にはブランドに対するご意見など、クレームの内容は多岐にわたりますが、Bさんはその都度お客さまに共感しながら対応しています。Bさんは「お客さまのおっしゃる通りなのよね」と言い、クレーム対応メモをつくり、会社の本部に報告したり、朝礼や会議でクレームについて共有したりしています。「クレームを受けたらどんどんお店がよくなるわ。クレームをチャンスに変えないと」とたくましく笑っています〈アパレル販売業〉。

クレームはメモする、記録する

クレームを記録したら改善できる。
別のクレームが生まれにくくなる。
逆に、クレームを心に溜め続けたら、
心の負担になる。

クレームは自分に向けられたものではない

お客さまからクレームを受けると、自分の人格が否定されていると感じてしまいます。そのため、心が沈んでしまい、一日中ぼんやりしたり、ひどいときには一週間ずっと気分がすぐれなくなる、ということもあります。経験を重ねると慣れてくることもありますが、大変つらいものです。

ここではセルフケアで、クレーム対応でのストレスを自ら乗り切る方法をご紹介します。

まずしっかりと意識してほしいことは、クレームは「会社や商品・サービス」に対して向けられたものだ、ということです。つまり、あなた自身に向けられたものではないのです。

クレームを受けたら「これは自分への攻撃ではない」と認識することが、ストレスを軽減させるスタートです。

改善の糸口にする、という思いで聞く

クレーム対応においては、「どうしたら、お客さまからのこの意見を、サービ

心身の健康は「質の良い睡眠」から！

適度な睡眠時間が、
疲労の回復、集中力の維持には欠かせない。
リフレッシュのために、
休憩時間などに仮眠をとるのも効果的。

ス改善に活かせるか？」に思いを巡らせながら、お客さまの話に耳を傾けます。

クレームを受けたときは、「商品の改善につなげられないか」「スタッフの教育に活かせないか」など、改善点を頭に巡らせながら聞きましょう。クレーム原因の犯人捜しを続けていても何も変わりません。自分の負担が大きく感じられるだけです。

クレームをいただいたときには、「お客さまから、改善のためのきっかけを教えていただいた」と考えるようにしましょう。

「仕事モード」のオン・オフを切り替える

受けたクレームに対して、できる限り対応をし終えたら、簡単でいいので、紙に書くなど記録をし、部内で共有したり、本社へ報告したりします。そこで、あなたのクレーム対応は完了です。

クレーム対応後は、ゆっくり息を吐いて力を抜き、身体をほぐしてリラックスしましょう。別の仕事に集中するなど、心の向く方向を意識的に切り替えるようにします。これで気持ちは楽になります。

クレーム対応のストレスを軽くするコツ

お客さまへは
誠意を込めた対応をする

「サービス改善の糸口になる」
という思いで聞く

クレーム対応を終えたら、
リラックスして、その件から距離を置く

このパートでわかること
➡ クレームは攻撃ではなく、改善のきっかけと考える

28 クレーム対応における管理職の役割 ――〈ラインケア〉

●事例● **メンバー同士でのサポート体制ができているケース**

大手電機メーカーの「お客さま相談室」に勤務するCさん。お客さま相談とはいうものの、実際の業務はクレーム対応で、メンバー全員が一日の大半をクレーム対応に費やす毎日です。当然、メンバーにかかるストレスは決して軽くありませんが、Cさんの勤務するお客さま相談室ではメンタル不調を訴えるメンバーもおらず、むしろお互いが笑顔で「ありがとう」と言い合える職場です〈大手電機メーカー〉。

■個人の責任にせず、組織でのサポート体制を整える

クレーム対応にあたる部門の管理職は、クレーム対応の最終応対者であると

質問を装った「叱責」はNG

メンバーのストレスケアには、適切なアプローチの仕方がある。以下のような発言は、相手を萎縮させてしまうので注意。
×「なんで相談してくれなかったの？」
×「どうしてできないの？」
×「時間がないんだから、早く話して」

同時に、メンバー全員の統括者であり、かつサポーターです。

管理職は、状況に応じてクレームをエスカレーション（別担当者や上位者へのバトンタッチ）がすぐできる体制をつくることが重要です。「困ったら、同僚や上司がすぐに支援してくれる」という安心感が、メンバーのストレスを軽減します。

具体的には、たとえば「一人のお客様に20分対応したら交代する」など、エスカレーションルールを策定する、などです。日常業務においては、メンバーをこまめに観察し、エスカレーションのタイミングを逃さないことも大切です。

メンバーの中には、クレームが集中しがちな人もいます。「その人の対応能力が低いせいだ」と考えて放置するのではなく、ベテラン担当者を横に座らせサポートさせたり、クレーム対応教育の仕組みをつくったりして、組織力を向上させます。

「見回り」でメンバーの状況を把握する

日常的にメンバーの言動・行動には注意しましょう。メンバー本人に異変の

人を動かす「マジックフレーズ」

「いつもありがとう」
「おかげで助かりました」
「さすが○○さんですね！」など、
些細な声かけを欠かさないことが、
互いに気持ちよく働ける職場づくりの第一歩。

自覚がない場合もあるため、まず周囲が気づくことが大事です。

- **遅刻や欠勤が増える**
- **イライラしてキレやすくなる（対人トラブルが増える）**
- **喜怒哀楽が乏しくなる、または無表情になる**
- **注意力欠如によるケアレスミスが増える　……など**

「何かおかしいかも？」「いつもと違う気がする」といった直感を大切にして、異変を見逃さないようにします。

週に一度は1対1の面談や、少人数でのミーティングを行うことでメンバーのストレスレベルを把握し、必要に応じて対処していきます。管理職は、一日中、自分の席にどっかり座っていてはいけません。個々のメンバーの仕事に関心をもち、自分のチーム内をマメに歩きまわりながら、メンバーそれぞれが具体的に何をしているかを把握し、何か困っていることはないか、などを見つけ出していくことはきわめて重要です。

つまり、ラインケアの第一歩は、管理職の「見回り」で、メンバーの状況を把握できるようにしていくことなのです。

メンバーのストレスを解消するために、組織でできること

メンバーに、こんな兆候が見えたら、要注意!

- 遅刻や欠勤が増える
- イライラしてキレやすくなる（対人トラブルが増える）
- 喜怒哀楽が乏しくなる、または無表情になる
- 注意力欠如によるケアレスミスが増える

メンバーの異変に気づくためには…

↓

管理職が一人ひとりのメンタル状況を毎日把握する

席替え等も含め、サポート体制をつくる

…etc.

個々人のストレスレベルを把握して、適切に対応する

このパートでわかること

➡ 組織でサポートし、メンバーの異変を見逃さない

コラム6 クレーム対応のロールプレイングをやってみよう

たとえば、「ロールプレイング例（想定練習用）」として42ページの事例を使ってみましょう。お客さまが11時開店のお店に10時に来てクレームになった事例です。

ロールプレイングは、設定を細かくしたほうが進めやすいので、応対者とお客さまを次のようにしてみます。

- **応対者**：ゲームソフト販売店勤務。入社3年目。仕事にもだいぶ慣れてきた。上司である店長から、毎日のように、CS（Customer Satisfaction：顧客満足）を重視するよう教育されている。
- **お客さま**：70代くらいの男性のお客さま。いま人気のゲームソフト『○○の冒険』をお孫さんの誕生日プレゼントとして買いに来た。8歳になるお孫さんは、このゲームソフトを2カ月も前からほしがっていた。お誕生会は11時から始まる。
- **進め方**：①〜③までで5分を目安に行う。

①応対者役とお客さま役に分かれ、その設定になりきる。
②お客さま役は応対者役にクレームを申し立てる。
　＊全力で怒ること。
③応対者役は、クレーム対応の手順に従って対応する。（対応例は30ページ以降を参照）
　＊お客さまがお怒りになるのには理由があるので、お客さまの話を聞いて背景まで読み取ることが重要。
④5分たったら、役割を入れ替えてもう一度行う。

第7章

eメール・書面でクレーム対応をするときには

29 クレーム対応を文書で行うときの注意点

クレーム文書への対応は電話・訪問が基本

対面や電話のほかに、手紙やファクスなどの文書によるクレームもあります。文書によるクレームは、メールや電話ほどの手軽さがないため、お客さまの思いが強いケースもあります。一方、その内容が文字として書かれているので、お客さまの主張が汲み取りやすいという特徴もあります。

しかし、文面からお客さまのお怒りの原因とお怒りの大きさを正しくつかむことはむずかしいものです。最初の「読み取り」が甘いと、そのあとの「解決策」や「代替案」が的外れになってしまい、クレーム対応どころか、お客さまのお怒りを増大させる原因になります。

そのため、文書によるクレームを受けた場合は、一度、お客さまのところに

文書でクレーム対応を行う際のポイント

❶「文書で回答してほしい」と言われた場合

- 正式文書になるので、上司（場合によっては部門長）、法務部門の応諾なしに出してはいけない
- 文書は、持参するか、郵便で送付するのが基本
- 通常のビジネス文書の形式で作成し、頭語と結語は丁寧な「謹啓」－「謹白（敬白）」を使用
- パソコンより手書きで作成することが望ましい
- 持参・送付は早ければ早いほどよいが、常識的には2日以内に回答する

❷「メールでもよいので回答してほしい」と言われた場合

- 手軽に対応できるクレームと思わないこと
- 書面での回答には変わりがないので、社内ルールに従って内容の確認を取り、送付する
- 自分の意図とは無関係に第三者に転送されることがあるため、安易な記述はつつしむ
- 紙の文書より早い回答をお客さまは期待するので24時間以内に回答する
- 「相手に必ず届く」「相手がすぐに読む」という保証はないので、到着確認（電話）は必ず行う

文書対応でクレームを招かないために

①お名前、肩書などを、絶対に間違えない
②件名はこちらの意図がわかるように書く
③報告の場合は「ご報告」、当方のミスがあって釈明する場合は「お詫び」と書く
④誤字・脱字がないようしっかり確認する

直接電話をし、その後、必要に応じて訪問し、クレームを出された心情や内容の確認を行った上で対応することが基本です。

それでも文書での対応が必要な場合

しかし、最終的にお客さまから「書面で回答してほしい」という強いご要望があるときや、クレームがメールで寄せられて、お客さまの連絡先がわからないときには、やはり文書で回答する必要があります。

文書の場合、対面や電話でのクレームと違い、即座の対応ではなく、時間をかけて対応を検討できます。同僚や上司、時にはほかの部署の関係者と十分協議して内容を決めていきます。文書の形式や文字の間違いなどがないように推《すい》敲《こう》を重ね、準備万端に整えて対応しましょう。

内容や文書が稚拙《ちせつ》な場合、クレームが激化することも少なくありません。自分の判断だけで作成し、お客さまに送付することはつつしんでください。

クレームが文書で寄せられた場合、とくにメール対応で悩まれる方が多いので、本章ではクレームeメールの対応を中心に紹介していきます。

文書でクレームを受けたときの対応法

鉄則1　電話か訪問で対応する

- すぐに文書で対応することは避ける

鉄則2　書かれた内容を正確に読み取る

文面の読み取りのポイント
①苦情のお申し立て内容
②お客さまの感情（お客さまにとっての重要度・緊急度）
③お客さまのご要望・ご要求内容

お客さまが書いた内容 ＝ 応対者の解釈
一致させる

✕ 不一致のとき
↓

別のクレームが発生
「私はそんな意図で言ったのでない！」
「その対応はなんだ！」

このパートでわかること
➔ 文書で対応する前に、まず電話や訪問が基本！

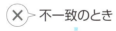

30 eメールでクレーム対応をするときのポイントは

とくに4つのポイントに気をつける

　eメールでのクレーム対応には接客能力だけでは対応できない文書読解力やビジネス文書作成能力も要求されます。対面や電話でのクレーム対応とは別の、特有なビジネススキルです。

　メールでの対応ポイントは次の4つです。

①**対応は早く。メールボックス内で埋もれさせない**（返信は24時間以内）
②**冷静に対応する**（感情的に返信しない）
③**対面のクレーム対応以上によく調べてから返信する**（うかつに判断しない）
④**ひな型に頼りすぎない**（頼りすぎると、手を抜いていると思われる）

日本語を正しく使えているか？

日本語がおかしいと、お客さまが
軽く扱われていると感じ、クレームが大きくなる。
[よくある間違い]
×了解しました。
○承知いたしました。

返信は遅くとも24時間以内に

トラブル発生後、何日も音沙汰なしでは、お客さまの不満は倍増していきます。お客さまから寄せられたクレームに対して迅速に対応している、という態度を示すことが大切です。

とくにメールでクレームが寄せられた場合は、お客さまが要求する対応速度が速いため、遅くとも24時間以内、できれば数時間以内に、最新のレスポンスを返すことが望ましいでしょう。

お客さまからのクレームeメールがメールボックス内で埋もれてしまうと、さらなるクレーム・トラブルを招きます。組織対応も含め、メールの対応漏れがないことを確認することが必要です。

お客さまからのクレームに対してすぐに解決策を提示できない場合でも、まずは、「承りました。回答は後日させていただきます」というようなメールを1通、必ず返すようにしましょう。それだけでも、お客さまはメール（苦情）がこちらに届いていることがわかるので、とても安心されます。

また、別の担当者から回答をする場合には、お客さまに対して「メールを受

ひな型を使うときは、思い込みに気をつける

「このお話ならこのひな型でOK！」という思い込みで使うと、お客さまの言っていることと返信の文面がかみ合わなくなり、クレームが大きくなることがある。ひな型の使用には注意しよう。

信したことの確認」とともに、「別の担当者から返答すること」をご連絡します。その際に、返答期限の目安もお伝えするとなお親切です。

メールは常にチェックしている人もいれば、1日に数回という人もいます。あるいは出張などで見られない場合もあります。相手の利用頻度を踏まえた対応を心がけ、必要に応じて到着確認（電話）も行いましょう。

ひと呼吸を置いて冷静に対応しよう

メールでクレームが寄せられる場合、面と向かってはおっしゃらないような激しい文章を書いてくるお客さまがいます。文字だけを読むと、口頭や対面のときよりも内容が厳しく感じられることがあります。

そういうときは「大変お困りになられたんだな」ととらえて、ひと呼吸を置きます。万一、ムッとしてしまったら、すぐに返信をせず、しばらく時間を置いて気分を落ち着かせてから電話を差し上げましょう。激しい文章を書いていらっしゃるお客さまでも、実際に電話を差し上げてみると、実はとても穏やかな方の場合があるので、手順通り対応することが基本です。

eメール対応の７つのポイント

1 対面のクレーム対応と原則は同じ

- 原則を理解していないとクレームは拡大する
- いかに相手が困っているかを理解することから始めよう

2 まずは電話か訪問が望ましい

- 表情や声が見えない分、時間がかかるものと理解しておく

3 「書いたら終わり」と考えない

- 「相手からの返信がある」という前提で書く

4 ひな型に頼りすぎない

- 文面だけでのコミュニケーションになるからこそ、機械的・事務的な文章にならないよう一層の配慮を

5 作成後、上司・法務部署に内容を確認してもらう

- 内容そのものに問題がある場合のほか、日本語の使い方に問題がある場合もある

6 友人へのメールのように、簡単に返さないこと

- 24時間以内の返信が基本だが、慎重に

7 形に残るものなので、軽く考えてはいけない

- 裁判の証拠にもなる書類と考えること

このパートでわかること

➔ 返信は24時間以内。対応は早く、冷静に、慎重に

31 eメール対応でクレームを激化させないためには

クレームを激化させてしまう3つのパターン

eメールでのクレーム対応も、対面の場合と原則は同じです。その点を理解していないと、クレームは拡大してしまいます。

クレームを激化させてしまう人のパターンとして、次の3つが挙げられます。

①相手への感謝の念がない

「いつもご利用いただきまして、ありがとうございます」などのお客さまへの感謝の念を示す挨拶なしに、いきなり説明から入ってしまうパターンです。

②相手の困っている事実がつかめていない

相手が何に困っているかを理解できていない、もしくはきちんとわかっていることが文章で示せていないパターンです。

メールで誠意を見せるには

「自分たちで調べられることはとことん調べ尽くして書いた」という文章からは、熱意がにじみ出る。
こちらの熱意が伝わる文章になっているとクレームは解決しやすくなる。

③相手の期待を超えていない

「申し訳ございません」のひと言もない、自社の事情やできない理由ばかりを書き連ねている、調査し尽くしていない、など誠意を尽くしていることが感じられない文章になっているパターンです。

心情理解と誠意を伝えつつ、事実を書く

メールでの文章は、冷たかったり、ともすれば激しく怒っていたりするように感じられるものです。対面やお電話の場合より、感謝の気持ちや誠意も伝わりにくくなります。

eメールでクレーム対応をする場合には、お客さまの心情を理解しているか、こちらの誠意が伝わるように言葉を尽くしているかを確認しましょう。少し過剰と思われるぐらいがちょうどいいのです。

もちろんお客さまに事実は事実として確実に伝える必要があります。事実については、

「こういう理由で○○が発生いたしました」

「フォルダ」分けをして管理する

お客さまとの「対応履歴」の管理には
メールソフトの受信トレイの中を
「対応済み」「対応中」「未対応」などに
大分類し、その中にさらに個人別の
小さなフォルダをつくるのも手。

「現在、弊社ではこういう対応になっております」

など、合理的・客観的に表現し、個人の解釈が入らない表現にします。

送信する前に必ずチェックしよう

メールを出す前に、自分の書いた文章で本当に読み手が誤解しないかどうか、必ずチェックするよう心がけます。

一度は声に出して読むようにしましょう。声に出して聞いてみて、一方的な内容になっていないか、こちらの主張が強すぎないか、責任を回避するような文章になっていないかをチェックします。

また、書いた文章を印刷して自分で文面を読み、さらに「このお客さまに、この文面を送るのでチェックしてほしい」と上司などにダブルチェックをお願いすることが基本です。

当然、書面で出すことを重く受け止めなければなりません。安易に出さずに、法務担当部署にも書面・内容のチェックを受けてから出すようにしましょう。

eメール対応で失敗しないためには

対面と同じに！

対応の3原則

1. 相手への感謝の念をもつ
2. 困っている事実（何にどれだけ困っているか）をつかむ
3. 相手の期待を超える

文面の2原則

1. 言葉の緩衝材を上手に使う

- 「ご不便をおかけしまして、誠に申し訳ございません」
- 「いたらない点があり、深く反省しております」
- 「お恥ずかしい限りです」
- 「力不足でした」
- 「なぜご指摘いただいたところに考えがいたらなかったのか、悔やんでおります」

2. 感情的な文面にならないように気をつける

- 送信する前に必ずチェックする
- 上司などにダブルチェックしてもらう

このパートでわかること

➔ 誠意あふれる文面になっているかをチェックしよう

32 クレーム対応eメールの書き方を知っておこう

4つの手順で書こう

クレーム対応eメールも、手順を守れば、上手に書くことができます。メールの文面は、対面時の対応と、ほぼ同じ順に書いていきます。

①組織を代表し、取引のお礼とお詫びを、お客さまの心情を踏まえた言葉で書く→②事実の確認→③可能であれば解決策のご提案→④重ねてのお詫びとお礼、です。

この場合も、機械的に手順通りに書けばよいのではなく、お伝えしたいことが正しく伝わっているかをよく確認しながら書きます。お客さまを心配していることや、申し訳なく思っている気持ち、くわしく調査した結果などが正しく伝わるように書くことが重要です。

クレーム対応eメールの書き方(宛て先と件名)

メールの宛て先(To)

- メールアドレスを間違えないよう複数回チェックする

Cc：To以外の宛て先のアドレスを入れると、メールのコピーをその宛て先の人に送ることができる
→クレーム対応eメールの場合、基本的にCcは使わない(社内の人間に送る場合はBccを使う)

Bcc：Ccと同様にメールのコピーを送ることができるが、受信者には、コピーを送った相手のアドレスが見えない(上司・法務部門などに回覧するときに使用するとよい)

To：insource@insource.co.jp
Cc：
Bcc：

件名：発売日遅延についてのお詫び

件名

- 用件を20〜30字で簡潔かつ明確に書く
例:「○○についてのお詫び」「××についてのお問い合わせの件」など

クレーム対応eメールの書き方（宛て名と書き出し）

送信者の宛て名

- お客さまが個人の場合はお名前を、法人の場合は組織名、所属、役職、お名前を省略せずに書く
- 社名は前株か後株かに注意。㈱㈲などの省略記号を使わない（失礼にあたる）
- お名前の漢字間違いは厳禁！

件名：○○についてのお詫び

○○株式会社
□□部◇◇課
○○○○様

日頃は格別のお引き立てを賜り、誠にありがとうございます。
株式会社◆◆◆の××でございます。

書き出し

- 自分の会社名・氏名・所属を名乗る
  例：「株式会社○○・○○部の○○でございます」
- 相手が法人の場合には、「平素は格別のお引き立てを賜り誠にありがとうございます」のように丁寧に挨拶を書く
- 個人の場合には、「このたびは○○をご購入いただきまして、ありがとうございます」など

クレーム対応eメールの書き方（本文）

本文

- 全体の分量はモニター画面におさまる程度の量にする（1行30〜35文字程度）
- 案件は1つが原則（2つある場合は別のメールにするのが好ましい）
- 引用は最小限にする
- 段落と段落の間は1行空ける

○○○○様

今回は△△をご購入いただきまして、誠にありがとうございます。
株式会社◆◆◆の××××でございます。（お礼の言葉）

このたびの○○の件に関しまして、多大なご迷惑をおかけし、誠に申し訳ございません。
また、わざわざご連絡いただくお手間をおかけいたしましたこと、
重ねてお詫び申し上げます。（お詫びの言葉、心情理解）

本件につきまして至急調査いたしましたところ、○○のことが判明いたしました。
（事実確認）

つきましては、○月○日までに、××させていただきたく存じます。（解決策の提示）

今後はこのようなことのないよう努める所存でございますので、
何とぞご容赦くださいますよう、お願い申し上げます。
（今後の対応［再発防止の取り組み］）

このたびは、誠に申し訳ございません。
貴重なご意見を賜りましたこと、深く感謝いたします。
どうか、今後とも変わらぬご愛顧のほど、よろしくお願いいたします。
（重ねてのお詫びと、お礼の言葉）

＊＊＊＊＊＊＊＊＊＊＊＊＊＊＊＊＊＊＊＊＊＊＊＊
株式会社◆◆◆
□□部△△課
×× ××（担当者氏名）
〒000-1111
東京都千代田区○○○
Tel：03-1234-5678　　Fax：03-1234-5679
E-mail：××××@××××.co.jp
URL：http//www.××××.co.jp
＊＊＊＊＊＊＊＊＊＊＊＊＊＊＊＊＊＊＊＊＊＊＊＊

署名

- 送信者と連絡先がすぐにわかるようにする

このパートでわかること

➡ お礼・お詫び→事実確認→解決策→お詫び・お礼の順で書く

33 当方に責任があるとき、ない・わからないときの書き方

「当方に責任がある」場合ははっきりと謝罪する

「当方に責任がある」場合には、次の点に気をつけて文章を書きます。

①日ごろの取引へのお礼と、本件に関するお詫び

まず、件名に「お詫び」と書きます。冒頭で組織を代表して日ごろの取引へのお礼を伝え、文章の冒頭ではっきりと謝罪します。その際、お客さまがどんなお気持ちで、どれだけ時間をかけてeメールを書いたのか、などの情景を思い浮かべながら誠意を込めて書きます（文例は157ページ参照）。

②当方の落ち度・責任について書く

お客さまからのクレームを受けて全力で調べた結果について、事の経緯を含めて書き、判明した落ち度・責任について重ねてお詫びの気持ちを伝えます。

「書面」のお詫び状の「件名」は本文より大きめに

書面のお詫びの件名は、本文より大きい字で
はっきりと「○○のお詫び」と書く。
さまざまな人に回覧されることも想定し
本件に関係ない人にも内容が
ひと目でわかるような表題にしよう。

③解決策の提示

最大限、お客さまのご不便を早期に解消できるように、ご提案・解決策として、真剣に検討した内容を書きます。

④再発防止の決意と重ねてのお詫び

二度と同じミスを犯さないため、社内体制の整備やチェック体制など、今後の対処方法や再発防止策を盛り込み、重ねてお詫びの言葉を書きます。

＊ご参考までに、書面での「お詫び状」の文例を159ページに掲載。

「当方に責任がない・わからない」場合の書き方は？

eメールでのクレームに多いのが、「当方に責任がない・わからない」場合です。この場合は、対応に非常に苦労します。お客さまの心情を踏まえ、お困りの点の解消を最優先で考えて書きます（文例は158ページ参照）。

①「ご心配」「お手間」をおかけしたことへのお詫び

組織を代表して日ごろの取引のお礼を述べ、「ご心配をおかけしたこと」、「お手間をおかけしたこと」に対してお詫びします。その際は当方に責任があ

手書きの「お詫び状」で誠意を伝える

何十通と簡単に複製でき、文例集から簡単につくることができるパソコンのお詫び状を好意的に受け取らない方もいる。
手書きで一文字ずつ丁寧に書いたお詫び状は誠意が伝わり、読んだあとの印象もよくなる。

る場合と同様に、お客さまのお困りの様子を思い浮かべながら書きます。

②事実確認とお客さまの正当性を疑っていないことをあらためて表明

まず、お客さまがお困りの事実を当方が正しく認識していることをお伝えします（「○○が壊れており、××ができなくてお困りとのことでございますね」）。また、こちらが全力を尽くして調べた内容を書きます（「調査の結果、△△でございました」）。その際、こちらがお客さまのお申し出を不当であると考えていることが伝わってしまう文章ではいけません。

③でき得る解決策のご提案をする

こちらに責任があるかどうかを判断できない場合、積極的に解決に動きにくいものです。しかし、お客さまがお困りである事実は変わりません。よって、お客さまのご不便の解消を最優先にし、でき得る解決策を提案します。自分一人で判断せず、上司にも相談しましょう。懸命に検討したことが文面からわかるように書きます。

④重ねてのお礼、お詫び、お願い

最後にお礼、お詫び、お願いなどを重ねて述べて、メールを終えます。

「当方に責任がある」場合のeメールの書き方例（本文）

○○○○様

このたびは△△△をご注文いただき、誠にありがとうございます。
株式会社□□□△△部××××でございます。

まずは弊社商品未着に関しまして、ご不便、ご心配をおかけしたことを
深くお詫び申し上げます。
また、わざわざご連絡いただくお手間をおかけいたしましたことを
重ねてお詫び申し上げます。

心情を理解しつつ、言葉かけをする

本件につきまして、至急調査いたしましたところ、○月○日に確かに
○○○○様よりご注文を承っており、○月△日にご発送予定とご連絡を
差し上げております。
しかしながら、弊社への入荷が遅れており、○月×日△時現在、弊社より
発送できていないことが判明いたしました。

事実確認、お客さまの正当性を丁寧に追認

つきましては、○月□日にはご発送させていただきます。
大変恐縮ではございますが、いましばらくお待ちいただきますよう
お願い申し上げます。

解決策の提示

あらためまして、弊社の不手際によりご不便をおかけしてしまい、
誠に申し訳ございません。
今後はこのようなことのないよう業務の改善に努める所存でございますので、
何とぞご容赦くださいますよう、お願い申し上げます。

今後の対応〈再発防止の取り組み〉、重ねてのお詫び

「当方に責任があるかわからない」場合のeメールの書き方例(本文)

○○○○様

先日は△△△をご注文いただき、誠にありがとうございます。
株式会社□□□△△部××××でございます。

このたびは弊社商品未着に関しまして、ご不便、ご心配をおかけしてしまい、
誠に申し訳ございません。
また、わざわざご連絡いただくお手間をおかけいたしましたことを、
重ねてお詫び申し上げます。

心情を理解しつつ、言葉かけをする

本件につきまして、受注部門にて至急調査いたしましたところ、現時点では
○○○○様からのご注文記録が確認できておりません。よって、引き続き、
受注部門では確認漏れがないかを部門責任者以下全力で調査しております。

事実確認、お客さまの正当性を疑っていないことをあらためて表明

いまだ調査中ではございますが、○○○○様におかれましてはお急ぎのことと
存じますので、△△△を至急ご送付させていただきたいと考えております。
大変恐縮ですが、日中つながるご連絡先(お電話番号)をメールで
お教えいただけないでしょうか。
弊社からお電話をさせていただき、ご送付先などをご指示いただいた上で
至急お送りさせていただきます。

解決策の提案

お忙しい中、再度のお手間をとらせてしまい大変申し訳なく存じますが、
何とぞよろしくお願い申し上げます。

重ねてのお願い

納期遅延についてのお詫び状（書面）の文例

平成○年○月○日

株式会社□□□□
□□部□□課　□□□□様

株式会社○○
○○部長　○○○○

宛て名は差出人より心もち大きく

相手先で回覧されることを想定して、表題ははっきりと

「△△」納期遅延のお詫び

謹啓　貴社ますますご隆盛のこととお喜び申し上げます。

日ごろはひとかたならぬお引き立てにあずかり、深く感謝申し上げます。

原因など、事実経過を述べる

さて、貴社よりご注文いただきました「△△」につきましては、製造の最終工程において急遽不具合が生じ、ご指定の納期○月○日に間に合わせることができませんでした。

貴社に多大なるご迷惑をおかけいたしましたことを、謹んでお詫び申し上げます。

このほど、ようやくシステム変更等の整備が整いまして、○月×日にお納めできる見通しでございます。

今後はこのような不手際のないよう、社内管理体制を抜本的に見直し、十分に注意してまいる所存でございます。

どうか今後とも変わらぬご愛顧のほどを、心よりお願い申し上げます。

謹白

今後の予定を必ず明記する

このパートでわかること

➔ どんな場合も、まずは「お礼」と「お詫び」を

舟橋孝之（ふなはし たかゆき）
神戸大学経営学部卒。三和銀行（現三菱東京UFJ銀行）入行、営業、商品開発、システム開発、企業提携など多様な業務を担当。
2002年、「ビジネススキル」に重点を置いた社会人教育の必要性を痛感し、社会人向け教育・研修会社として、株式会社インソースを設立し、現在に至る。インソースでは、設立時よりクレーム対応経験豊富な講師を多数抱え、サービス業・製造業・官公庁・不動産業・金融業などあらゆる業界で、クレーム対応研修を実施している。知識やノウハウの講義だけでなく、オリジナルの「ケーススタディ」や「ロールプレイング」で練習する研修形式が、受講者より高い評価を得ている。

■制作進行／下地紗都子（株式会社インソース）

【改訂版《かいていばん》】［ポイント図解《ずかい》］
クレーム対応《たいおう》の基本《きほん》がしっかり身《み》につく本《ほん》

2018年3月24日　初版発行

著者／舟橋《ふなはし》 孝之《たかゆき》

発行者／川金 正法

発行／株式会社KADOKAWA
〒102-8177　東京都千代田区富士見2-13-3
電話 0570-002-301（ナビダイヤル）

印刷所／図書印刷株式会社

KADOKAWAカスタマーサポート
［電話］0570-002-301（土日祝日を除く11時～17時）
［WEB］https://www.kadokawa.co.jp/（「お問い合わせ」へお進みください）
※製造不良品につきましては上記窓口にて承ります。
※記述・収録内容を超えるご質問にはお答えできない場合があります。
※サポートは日本国内に限らせていただきます。

定価はカバーに表示してあります。

ISBN 978-4-04-602309-4　C0030